TEKÂFÜL SİGORTACILIĞI: LİTERATÜR ARAŞTIRMASI

TEKÂFÜL SİGORTACILIĞI: LİTERATÜR ARAŞTIRMASI

Yusuf AKGÜL

ISBN: 978-625-6606-39-5

1. Baskı: Kriter Yayınevi 2023 / İstanbul

Yayınevi Sertifika No: 45353

Anahtar Kelimeler: Tekâfül Sigortacılığı, Sigorta Sektörü, Mali Performans, Tekâfül Literatür

Birinci Baskı, 82 s. 13,5 cm x 21 cm

Kaynaklar var, Dizin yok.

Kapak Tasarımı: Ahmet Baran

Mizanpaj: Kriter Yayınevi

Baskı: Çözüm Baskı Merkezi Ticaret Limited Şirketi
Emniyetevleri Mahallesi Güvercin Sokak No:7/1
Kağıthane / İstanbul
Matbaa Sertifika No: 49099

İletişim:

Kriter Yayınevi

Hobyar Mah. Cağaloğlu Yokuşu Sok. Fevzi Bey Han No: 21 Kat: 2 No: 5

Fatih / İstanbul

Tel: 0 212 527 31 89

info@kriteryayinevi.com

www.kriteryayinevi.com

TEKÂFÜL SİGORTACILIĞI: LİTERATÜR ARAŞTIRMASI

Yusuf AKGÜL

Birinci Baskı

2023 – İstanbul

KRİTER

ÖNSÖZ

Günlük hayatta ve ömrü boyunca birçok insan ve ticari olan veya olmayan bir faaliyeti gerçekleştirmek için kurulan birçok organizasyon faaliyetlerinden dolayı riskle karşılaşmaktadır. Tanımı itibariyle risk, olması muhtemel ve gerçekleştiğinde maddi ve manevi zarara yol açabilecek durumu ifade eder.

Geleneksel sigorta sisteminde karşılan risk sonucu zararın tazmin edilmesi taraflar arasında imzalanan sigorta poliçesinin içeriğine göre gerçekleşir. Yapısından dolayı geleneksel sigorta kavramı içeresinde İslam'a uymayan veya haram olan bazı kavramalara sahiptir. Bundan dolayı bazı İslam ülkelerinde geleneksel sigorta sisteminin uygulanması zorlukla gerçekleştirilir.

Geleneksel sigorta sisteminin İslam ülkelerindeki alternatifi olan Tekâfül Sistemi geleneksel sigorta ile aynı mantıkla çalışsa da yardımlaşmaya dayanan ve şeriat kurallarına uygun tasarlanan ve Tekâfül operatörlerince yürütülen İslami Sigorta uygulamasıdır. Tekâfül sistemi şeriat kurallarına göre inşa edilir ve şeriat kuralları dışında Tekâfülün yapısında herhangi bir kural ve kaide uygulaması olmaz.

Tekâfül sistemi sadece şeriat veya şeriat otoriterlerince yönetilen ülkelerde uygulanmasına rağmen ve Müslüman yoğunluğu olan bazı ülkelerde de uygulanmaktadır. Fakat

Tekâfül sisteminin bilinirliği ve Tekâfül alanında yapılan çalışmalar henüz yeterli düzeye ulaşmış değildir. Hatta birçok Müslüman toplum veya topluluk tarafından bilinirliği azdır. Tekâfül Belirli bazı Müslüman ülkelerde uygulanmaktadır.

İÇİNDEKİLER

GİRİŞ

Sigortacılık genel olarak riskin gerçekleşmesi durumunda ortaya çıkan maddi hasarın taraflar arasında imzalan poliçenin niteliğine göre tazmin edilmesidir. Geleneksel sigortacılık ve uygulamaların temel felsefesi tüm dünyada aynıdır. Ancak ülke ekonomisi ve finansal uygulamalarına göre sigortacılık uygulamalarında farklılık görülebilir. Diğer yandan toplumların sahip olduğu kültür geleneksel sigortacılık uygulamalarını şekillendirmektedir.

Geleneksel sigortacılık uygulamalarını yerine getirmesi bazı İslam ülkelerinde zordur. İslam ülkelerindeki inanç sisteminden ve şeriat kurallarından dolayı halk geleneksel sigorta uygulamalarına sıcak bakmaz. Ayrıca geleneksel sigortacılık uygulamaları İslam ülkelerinde birçok zorluklar karşılaşır.

İslami fıkıh kurallarına aykırı yapısından ve içinde barındırdığı haram olan faktörlerden dolayı; örneğin faiz gibi, şeriat yönetimi ve otoritesi tarafından geleneksel sigortacılık uygulamalarına sıcak bakılmaz.

Bu gibi sebeplerden dolayı geleneksel sigortaya alternatif olarak kökeni peygamber efendimize dayanan İslami Tekâfül sigortacılığı sistemi kullanılmaktadır. Tekâfül dayanışma anlamına gelen geleneksel sigortada olduğu gibi riskin gerçekleşmesi durumunda şeriat kurallarına göre zararın tazmin edilmesidir. Tekâfül aynı zamanda finansal anlamda katılım sigortacılığı olarak da adlandırılır. Katılım sigortacılığı faaliyetlerini genellikle katılım bankaları aracılığı veya katılım sigorta şirketleri tarafından yürütülür. Tekâfül sürecini Tekâfül operatörleri yürütür.

Tekâfül sigortacılığı belirli bazı İslam ülkelerinde uygulandığı gibi, Müslüman olmayan ama Müslüman toplulukların yaşadığı ülkelerde de uygulanmaya çalışılmaktadır.

Fakat Tekâfül sigortacılığı bazı Müslüman toplumlar tarafından bilinirliği az olan veya hiç bilinmeyen aynı zamanda akademik açıdan ve finans piyasaları açısından geliştirilmesi gereken bir sektördür.

Tekâfül sigortacılığı alanında yapılan akademik çalışmaların neredeyse çok az olması ve Tekâfül 'ün sınırlı ülkelerde uygulanması bu alanı oldukça teoride ve uygulamada zayıf ve gelişmeye açık bırakmıştır.

Bu kitabın yazılmasındaki amaç son yıllarda Tekâfül sigortacılığı alanında yapılan çalışmaların amaçlarını ve sonuçlarını inceleyerek hem dünyada hem ülkemizde, hangi faktörlerin Tekâfül sigorta şirketleri ve uygulamalarını etkilediğinin analizi ve Tekâfül sektörünün gelişimi için uygulanabilecek politikaların önerilmesidir.

BİRİNCİ BÖLÜM
TEKÂFÜL SİGORTACILIĞI

1.1. Tekâfül Sigortacılığı Kavramı

Tekâfül (Katılım Sigortacılığı) ya da İslami sigortacılık tanımı ve uygulama olarak geleneksel sigortacılıktan farklıdır.

Tekâfül, kelime anlamı olarak taraflar arası karşılıklı güven ve dayanışma anlamındadır. Türkçede Tekâfül, tekeffül yani bir konuda kefil olma, yükümlenme ve sorumluluk üstlenme şeklinde ifade edilir. Finans literatüründe Tekâfülün anlamı ise, uluslararası yazındaki adıyla Tekâfül, 'İslami Sigortacılığı' anlatmak için kullanılmaktadır.

Temeli yardımlaşmaya esasına dayanan Tekâfül sigortacılığı ve benzerleri Selçuklular ve Osmanlılar döneminde ahilik benzeri esnaf, tüccar ve loncaların kurduğu esnafların birbirlerine yardım etmelerini ve yardımlaşmalarını sağlayan teavün adı verilen sandıklarda görülmüştür (Laçinbala ve Ünsal 2019:183).

Tekâfül, şeriat ilkelerine uyan, geleneksel sigorta hizmetlerini sağlamanın alternatif bir yolu olmakla beraber, Aşırı belirsizlik, kumar özellikleri ve faiz akışlarını içeriğinde barındırmayan İslami sigortacılık şeklidir. Tekâfül (İslami sigorta), 2016 yılında 26,1 milyar ABD doları tutarındaki toplam katkısı olmasına rağmen İslami finansın önemli fakat yeterince araştırılmayan bir segmentidir (Khan vd. 2020: 389).

İslam dininin hukuk kurallarına uygunluğundan dolayı İslami sigorta olarak da adlandırılan Tekâfül; taraflar arasında karşılıklı yardımlaşma, bağış, dayanışma ve ortaklık kültürüne dayanan bir sigortalama türü olarak tanımlanabilir. Geleneksel sigorta sisteminde, satın alma sözleşmesi imzalanarak risk transfer edilirken Tekâfül de ise bağış sözleşmesi ile risk taraflar arasında paylaşılmaktadır (Kısacık 2021:268).

İslâmi Finans Kurumlarının Muhasebe ve Denetim Örgütü (AAOIFI) katılım sigortacılığının tanımını şu şekilde yapmıştır; "İslâmî sigorta (Tekâfül), belirli rizikolara maruz şahısların bu rizikoların gerçekleşmesiyle ortaya çıkacak zararların telafisi üzerinde anlaşmalarıdır" (AAOIFI, 2012: 523).

Tekafül sigorta sistemi aşağıda belirtilen ilkelerin ya tamamına ya da bir kısmına uymak durumundadır (Dilek 2019:46).

- Tekafül sigorta sistemine dâhil olan taraflar kâr amacı gütmez.
- Havuzda biriken fonlar faiz dışındaki yatırım araçları kullanarak değerlendirilmesi.
- Gerçekleşen hasar ve buna bağlı sorumlulukların katılımcıların sahip oldukları paylarına göre bölündüğü bir sigorta havuzu olması gerekmektedir.

1.2. Tekâfül Sigortası Türleri

Tekâfül sigortası modelleri uygulamaya göre mudarebe modeli, vekalet modeli, hibrit modeli ve vekalet-vakıf modeli olmak üzere başlık olarak sınıflandırılabilir.

1.2.1. Mudarebe Modeli

Mudarebe modeli ilgili tarafların üzerinde anlaşılan bir projeyi gerçekleştirmek amacıyla bir tarafın emek, diğer tarafın sermaye katkısı yaparak ortaya çıkan kar/zarar ortaklığına denir. Bu modelde oluşturulan şirket mudarib olarak ifade edilirken, sermaye koyan tarafa rabbül-mal denmektedir. Bu model genel olarak Malezya gibi Uzakdoğu ülkelerinde tercih edilmektedir (Özçelik 2022:192).

1.2.2. Vekalet Modeli

Tekâfül (Katılım) sigorta sektöründe şirketlerce sıklıkla kullanılan bir modeldir. Bu modelde, katılımcılar kendilerine ait olan kişisel hesaplarına belirlenen miktarda katkı payı ödemesi yaparak yükümlülüğünü yerine getirmiş olur. Tekâfül sigorta şirketleri faaliyet giderlerini karşılamak için bu katılımcıların hesabından belirlenen periyotlarda kesintiler yapar. Genellikle her yıl olmak üzere yenilenebilir sigorta ürünleri için katkı payları katılımcıların kendi özel hesaplarında toplanır. Tekâfül sigorta şirketleri yürüttükleri faaliyetler sonucunda vekalet ücreti alır. Katılımcının hesabında biriken yatırım varlıklarının yükümlülükleri aşan kısımları ve yatırımlar sonucu ele edilen gelirler katılımcılara geri ödenir (Altıntaş 2016:127).

1.2.3. Hibrit Model

Bu model mudarebe ve vekalet modellerinin birlikte kullanılması sonucu ortaya çıkan bir modeldir. Bu hibrit modelde, Tekâfül şirketi mudarib olarak eldeki fonların değerlendirilmesi sonucunda elde edilen kar getirisinden sözleşmede belirlenen oranında pay alır. Tekâfül sigorta şirketi fonları yönettiği için katılım fonundan vekalet ücreti alır. Karma model sıklıkla kullanılan modeldir. Bu modelde şirket adına gelir kalemleri fazladır. Mali ve teknik işlemlerinden kaynaklanan vekalet ücreti ve yatırımdan kaynaklanan kâr payı getirisi vardır. (Samar 2021:106).

1.2.4. Vekalet-Vakıf Modeli

Bu modelde Tekâfül şirketi vakıf veya bağış adı altında bir vakıf ve bu vakıfta fon oluşturarak yatırımcıların bu fona katkı yapmalarını sağlarlar. Bu modelin hibrit modelden farkı Tekâfül şirketi fon yönetimini sağlar, fondan elde edilen gelir ve giderleri tazmin eder, katılımcıların gerçekleşen hasarlarını ödedikten sonra kalan tutardan pay almaktadır. Vekalet-Vakıf modelde elde edilen gelir sermaye karlılığı olarak adlandırılır. Vekalet modelde elde edilen gelir performans primi olarak adlandırılır. Bu model Güney Afrika ve Pakistan'da yaygın olarak kullanılır (Canbaz Karacif 2018:13).

1.3. Konvensiyonel ve Tekâfül Sigortacılığı Arasındaki Farklar

Kriter	Tekâfül Şirket	Konvansiyonel Şirket
Şirket	Katkı payı sahipleri adına bir aracı gibi hareket eder ve sigortacı yerine operatör/işletmen olarak adlandırılır.	Sigortalı ve sigorta şirketi arasında birebir ilişki mevcuttur.
Teknik Risk	Katılımcılar Tekâfül fonunun da sahibi olduğu için, teknik zararı da üstlenmektedir. Teorik olan bu durum uygulanmamakta olup, zarar durumunda sermayedarlardan alınan karzı hasen (faizsiz borç) ile zarar kapatılmaktadır.	Teknik zararı sigorta şirketi üstlenmektedir.
Katkı/Prim	Tekâfül gönüllülük esasına dayandığından toplanan katkılar teberru (bağış) olarak adlandırılır.	Sigorta şirketinin vermiş olduğu teminat karşılığında sigortalılardan topladığı meblağ prim olarak adlandırılır.
Katkı/Prim Sahipliği	Toplanan katkılar, katılımcıların ortak olduğu fona aktarılmakta ve operatör (şirket) tarafından yönetilmektedir.	Ödenen primlerin sahipliği sigorta şirketine aittir.
Yatırım	Tekâfül ve pay sahiplerinin fonundaki varlıklar, İslami prensiplere uygun yatırım araçlarında değerlendirilir.	Toplanan prim ve şirket sahiplerinin payları, faizli yatırım araçlarında değerlendirilmektedir.
Muhasebe	Bir bilanço ve iki gelir tablosu mevcuttur. Şirketin ve katılımcıların gelirleri ayrı ayrı hesaplanır.	Şirketin bir bilanço ve gelir tablosu mevcuttur.
ReTekâfül/Reasürans	Toplanan katkıların bir bölümü reTekâfül şirketine devredilmektedir. ReTekâfül şirketlerinin yetersiz kaldığı durumlarda, bazı İslam alimlerinin görüşüne göre reasürans şirketleriyle de çalışılabilmektedir.	Sigorta şirketinin topladığı primler ve üstlenmiş olduğu risklerin bir kısmı reasürans şirketine devredilmektedir. ReTekâfül şirketiyle çalışılmamaktadır.
Katkı Payı İadesi	Toplanan katkıların aktarıldığı havuzun fazla bakiye vermesi durumunda şirket dilerse katılımcılara bakiye iadesi yapabilmektedir.	Toplanan primlerden elde edilen kâr/faiz getirisi sigorta şirketine ait olup, sigortalılara iadesi söz konusu değildir.

Kaynak:https://www.vakifkatilim.com.tr/tr/kendim-icin/sigorta-ve-emeklilik/sigorta/tekaful-katilim-sigortaciligi.Erişimtarihi: 4/12/2023.

İKİNCİ BÖLÜM

TÜRKİYEDE VE DÜNYADA TEKÂFÜL UYGULAMALARI

2.1. Dünyada Katılım Sigortacılığı

Dünyada katılım sigortacılığı uygulaması ilk defa 1976 yılında gerçekleşen Uluslararası İslami İktisat Kongresi'nde, ifade edilen görüşe göre, geleneksel sigorta sisteminin ve uygulamalarının İslam dinine ve prensiplerine uygun ve uyumlu olmadığı görüşü bildirilmiştir. Sonrasında, ilk Tekâfül sigorta uygulaması 1979 yılında "The Islamic Insurance Co." Şirketinin kurulmasıyla uygulanmaya başlamış devamında ise "The Islamic Arab Insurance Co" adı altında Birleşik Arap Emirlikleri'nde kurulmuş ve faaliyetlerine devam etmiştir. Daha sonrasında ise 1984 yılında Malezya başta olmak üzere birçok ülke Tekâfül sigortacılığı faaliyetlerine başlamıştır.

2.2. Türkiye'de Katılım Sigortacılığı

Türkiye'de katılım (Tekâfül) sigortacılığı faaliyetleri 2010 yılında başladı. Hazine Müsteşarlığı tarafından yayımlanan 20 Aralık 2017 tarihli "Katılım Sigortacılığı Çalışma Usul ve Esasları Hakkında Yönetmelik "ile mevzuat kimliği kazanmış ve gelişip büyümeye devam etmiştir. Yayınlanan yönetmelikte konvansiyonel sigorta şirketlerinin yeni bir Tekâfül sigorta şirketi kurmadan "pencere" olarak tabir edilen bir yapılanma ile ürün farklılaştırması yaparak aynı zamanda katılım sigortacılığı faaliyetleri sürdürmesini ancak belirli bir süreye kadar müsaade edilmesidir. Türkiye'de Tekâfül/katılım sigortacılığı yapmak isteyen girişimcinin Tekâfül için ayrı bir sermaye ile süreci işletmesi gerekir. Nitekim katılım sigortacılığı bir ürün değil doğrudan sistemin kendisidir. Şimdilerde ise katılım ve pencere adı altında 8 sigorta şirketi Tekâfül hizmetleri vermektedir. Daha sonrasında sektörün büyümesi ve mevzuattaki yetersizlikler nedeniyle SEDDK tarafından 19 Aralık 2020 tarihinde "Katılım Esasları Çerçevesinde Sigortacılık ve Bireysel Emeklilik Faaliyetlerine İlişkin Yönetmelik" adıyla yönetmelik yayınlanmıştır. Daha sonra 1 Nisan 2021 tarihinde "Katılım Esaslı Sigortacılık ve Bireysel Emeklilik Faaliyetlerine İlişkin Genelge" yürürlüğe girmiştir. Pencere sistemiyle hizmet veren bu sigorta şirketleri 31 Aralık 2021 tarihinde faaliyetlerini sonlandırmış ayrı bir tüzel kişilikle (Tam Katılım Şirketi) faaliyetlerine devam etmişlerdir. Hali hazırda pencere sistemiyle faaliyetlerine devam eden şirketlerin, Tam Katılım Sistemine geçiş yapmaları için 31 Aralık 2022 tarihine kadar süre verilmiştir.

Ülkemizde Tekafül şirketleri henüz katılım olarak yeterli büyüklüğe ulaşmadığından, farklı modeller uygulansa bile, faaliyet giderlerini ve işlem maliyetlerini düşürmek için ve portföylerinde yeni müşterilere ulaşmak için mecburen banka kanallarını kullanmak zorunda kalmaktadır. Piyasada sayıca büyük dağıtım kanalları olan banka şubeleridir. Ayrıca halk nezdinde sigorta bilinci tam oturmadığından tekafül sigorta şirketlerinin, katılım bankalarının inşalara sigorta hizmetlerini sağlaması nakit hacmi oluşturması açısından önem arz eder (Çalık, 2014).

ÜÇÜNCÜ BÖLÜM
LİTERATÜR ARAŞTIRMASI

3.1. Tekâfül Sigortacılığı Üzerine Yapılan Çalışmalar

Tekâfül sigortacılığı üzerinde teoride ve uygulamada son yıllarda yapılan bazı çalışmalar bu kısımda verilmiştir.

Maysami ve Williams (2006)'e göre İslami sigorta kavramını kapsayan karmaşıklıklardan biri temel İslam Hukuku'na ilişkin inanç sisteminde, diğeri ise Tekâfül sözleşmesindeki kârın rolünde yatmaktadır. Bu çalışmanın amacı, İslami sigortanın (Tekâfül) varlığına ilişkin farkındalık ile bu finansal hizmete ilişkin dini algılar arasındaki ilişkiyi ampirik olarak araştırmaktır. Kısacası, bu çalışmanın sonuçları İslami sigorta ürünlerinin hedef alıcısı olması gereken Müslümanların bu hizmetlerin varlığından büyük ölçüde habersiz olduğunu göstermektedir. Dahası, sonuçlar 'muhafazakâr değerlere' sahip Müslümanların 'liberal değerlere' sahip Müslümanlara kıyasla özellikle İslami sigortadan daha az haberdar olduğunu göstermektedir. Bunun, bu ürünün pazarlanması açısından çok önemli sonuçları vardır. Birincisi, Müslüman nüfusun büyük bir kesiminin bu ürünün varlığından haberdar edilmesi gerekmektedir. İkincisi, Tekâfül sözleşmesinin tam olarak ne olduğu bu potansiyel kitleye dikkatli bir şekilde anlatılmalıdır. Bu çalışmanın sonuçlarına göre, sadece

İslami sigortadan haberdar olma ile değil, daha temel bir konu olan liberal ve muhafazakâr inançlar ile Tekâfül sözleşmesinin doğası arasında önemli bir ilişki olduğu görülmektedir.

Kader, Adams ve Hardwick (2010) çalışmalarında 2004-2006 yılları arasındaki üç yıl boyunca 10 İslam ülkesinde faaliyet gösteren 26 hayat dışı Tekâfül sigorta şirketinin seçilmiş verilerini dengeli panel ve veri zarflama analizi çözümü ile sigorta şirketlerinin maliyet etkinliğini incelemişlerdir. Parametrik olmayan veri zarflama analizi yöntemini kullanarak sigorta şirketlerinin maliyet verimliliği skorları hesaplanmış devamında ise kurumsal özelliklerin bu verimlilikler üzerindeki etkisini test etmek için aşamalı bir logit dönüşüm regresyon modeli tahmin etmişlerdir. Çalışmanın sonucunda; İcra kurulunda olmayan ya da icracı olmayan direktörlerin, icra kurulu başkanının ve yönetim kurulu başkanlarının fonksiyonlarının ayrılmasının ve geniş yönetim kurullarına sahip şirketlerde maliyet verimliliğini artırmadığı gözlemlenmiştir. Diğer yandan ürünlerde uzmanlaşma, firma büyüklüğü ve yönetim kurulu büyüklüğünün Tekâfül sigortacılarının maliyet verimliliği üzerinde olumlu etkileri olduğu gözlemlenmiştir. Ayrıca düzenleyici ortamın maliyet verimliliğinin artışı üzerinde istatiksel olarak anlamlı bir etkisi olmadığı görülmüştür. İcracı olmayan yöneticilerin maliyet verimliliğinde etkin olamamalarının sebebi diğer yönetim kurulu üyeleri ile aralarındaki finansal yönetim konusundaki eksikliklerden kaynaklanabileceği ifade edilmiştir. Üst yönetim kademesi üyeleri olan CEO ve yönetim kurulu başkanının görev tanımlarının birbirinden ayrılması maliyet verimliliğini artırmaya yardımcı olmadığı belirtilmiştir. Bunun nedenlerinin ise Tekâfül sigorta şirketlerinin kendilerine özgü kurumsal kimlikleri olması, sundukları ürün ve piyasa yapısının geleneksel sigorta sektöründen farklı olması gösterilebilir. Tekâfül sigorta şirketlerinde yönetim kurulu büyüklüğünün artması maliyet verimliliği üzerinde olumlu etkisinin olması, yönetimin operasyonel olarak daha da etkinleştiğini ve profesyonelleştiğini ifade eder. Yönetim kurulu büyüdükçe uzmanlaşmış yönetici havuzunun da büyüyeceği, faaliyetlerdeki iyileştirmelerin daha hızlı olacağı ve icra kurulunun daha etkin çalışacağı ifade edilmiştir. Çalışmada maliyet verimliliğinin uzmanlaşmış ürün gruplarından kaynaklandığı ifade edilmiş bundan dolayı Tekâfül sigortacıların kapsam ekonomileri kavramını yerine getiremediği görülmüştür. Çalışma sonuçlarına göre ekonomik ve politik açıdan şu önerilerde bulunmuşlardır. Yönetim kuruluna yetenekli ve deneyimli icra kurulunda olmayan veya icracı olmayan direktörlerin atanma sürecinin iyileştirilmesi, kaynak tahsisi ve kullanımı gibi operasyonel ve stratejik konularda tavsiyelerde bulunma rollerinin netleştirilmesi, potansiyel olarak bir politika önerisi olabilir. Ayrıca, Tekâfül sigorta piyasalarındaki düzenleyicilerin, Tekâfül sigortacılarının başta sermaye olmak üzere girdi kullanım ve tahsisinde operasyonel verimliliğin artırılmasının önemini desteklemeleri gerekmektedir. Bu sayede, ödeme gücünün geliştirilmesine ve hissedarlar ile poliçe sahipleri için daha iyi ekonomik getiriler sağlanmasına yardımcı olacaktır. Sonuçlarının yorumlanmasında, küçük örneklem büyüklüğü ve kamuya açık sınırlı finansal veri gibi araştırma tasarımımızın doğasında var olan kısıtlamalar olduğu ifade edilmiştir. Bununla birlikte, güvenilir ve sağlam sonuçlar elde etmek için mümkün olan yerlerde bu sınırlamaları kontrol edilmeye çalışılmıştır (örneğin, bir panel veri çözümü benimseyerek). Son olarak, araştırmanın sonraki yıllarda sigortacılık alanında gelişmekte olan başlıca uluslararası piyasalardan biri olmaya aday Tekâfül sigorta sektörü üzerine yapılacak daha ileri araştırmalar için temel oluşturduğu belirtilmiştir.

Kader vd. (2014) 17 İslam ülkesinde faaliyet gösteren hayat dışı Tekâfül sigorta şirketlerinde maliyet verimliliği ve yönetim kurulu kompozisyonu arasındaki bağlantıyı 2004-2007 yılları için panel veri kullanarak incelemişlerdir. Maliyet verimliliği skorlarını hesaplamak için parametrik olmayan veri zarflama analizi (VZA) kullanılmış ve daha sonra kurumsal özelliklerin bu verimlilikler üzerindeki etkisini test etmek için aşamalı bir logit dönüşüm regresyon modeli kullanılmışlardır. Tekâfül sigorta piyasalarındaki ortalama maliyet verimliliği seviyelerinin, gelişmiş hayat dışı sigorta piyasalarındaki verimliliği yansıttığı bulunmuştur. Yönetim kurulundaki icracı olmayan üyelerin oranı gibi yönetim kurulu yapısının Tekâfül sigortacılarının maliyet verimliliği üzerindeki göreceli etkisi, yönetim kurulu büyüklüğü gibi firmaya özgü diğer özelliklerle etkileşimine bağlı olduğu tespit edilmiştir. Dolayısıyla, kurumsal yönetim sistemlerinin Tekâfül sigortacılarının maliyet verimliliği üzerindeki etkisi, firmaya özgü çeşitli faktörler nedeniyle karmaşık hale gelebileceği ifade edilmiştir. Çalışmadan bazı önemli sonuçlar elde edilmiştir. İlk olarak, örneklemde yer alan Tekâfül sigortacılarının maliyet verimliliği skorlarının (ortalama 0.36 ile) gelişmiş sigorta piyasalarındaki en iyi uygulama sigorta şirketlerine göre sigortacıların maliyet verimliliğinin ortalama seviyelerinin altında olduğunu tespit edilmiştir. Bu tespitler literatürde yapılan bazı çalışmalarla karşılaştırılmıştır. Örneğin, Hardwick ve Guirguis (2007) İngiltere hayat dışı sigorta piyasası için ortalama 0,66 puan ve Wang ve diğerleri (2007) Tayvan hayat dışı sigorta piyasasındaki maliyet verimliliği analizlerinde ortalama 0,72 puan elde edildiğini rapor etmişlerdir. Bu gözlem, önceki Tekâfül sigortası araştırmaları (örneğin, Abdul Kader vd., 2010) ve geleneksel ve İslami bankaların karşılaştırmalı etkinlik çalışmaları (örneğin, Srairi, 2010) ile tutarlı olduğu görülmüştür. Dolayısıyla elde edilen sonuçlara göre sonuçlara göre, İslami finans firmalarında yaygın operasyonel verimsizlik, yönetimsel atalet ve organizasyonel kısıtlamaların varlığının olduğu vurgulanmıştır. İkinci olarak, bazı yönetim kurulu özelliklerinin sigortacıların maliyet verimliliği ölçütleri üzerinde istatistiksel olarak anlamlı etkileri vardır, ancak bunların etkileri diğer yönetim kurulu özellikleriyle etkileşimlerine bağlı olarak hem olumlu hem de olumsuz olabileceği ifade edilmiştir. Verilen örnekte, sadece yönetim kurulundaki yönetici sayısı ortalamanın üzerinde olduğunda icracı olmayan yöneticilerin maliyet verimliliği üzerindeki etkisi pozitif ve anlamlı olduğu görülmüştür. Ancak, yönetim kurulundaki toplam üye sayısı ortalamanın altında olduğunda icracı olmayan üyelerin Tekâfül sigortacılarının maliyet verimliliği üzerindeki istatistiksel olarak anlamlıdır ve negatif bir etkiye sahiptir. Dolayısıyla, kurumsal yönetimin doğası gereği karmaşık bir süreç olduğu ve farklı yönetim düzenlemeleri arasındaki olası etkileşimler nedeniyle, kurumsal yönetimin etkinliğinin ve bunun Tekâfül sigorta şirketlerinin ekonomik performansı üzerindeki etkisinin, her bir mekanizma için ayrı ayrı değil, bütünsel olarak değerlendirilmesi gerektiği ifade edilmiştir.

Aslan (2015)'e göre Tekâfül geleneksel sigortacılıktan ayrılmış kumar, belirsizlik ve faiz den arındırılmış bir alternatifi olarak ortaya çıkmıştır. Bu çalışmayla Tekâfül ve Tekâfül dışı sigortacılık uygulamalarının kavramsal çerçeveleri anlatılmış ve bu uygulamaların benzer ve farklı yanları açıklanmıştır. Devamında Tekâfül sisteminin yapısı, çalışma ilkeleri ile dünya genelinde incelenmiş, Türkiye'deki Tekâfül uygulamalarının da son durumu ortaya konulmuştur. Çalışmada kullanılan nitel ve nicel verilere göre ülkemizde Tekâfül uygulamasının önünde bazı farklı problemler olduğu, büyüme potansiyelinin yüksek olmasına rağmen istenildiği kadar gelişemediği ve bundan dolayı beklenen ihtiyacı karşılamadığı tespit edilmiştir. Bu çalışmayla Tekâfül piyasasının gelişimi ve sistemin daha yaygın hale gelmesi için çeşitli çözüm önerileri ortaya konmuştur. Türkiye'deki Tekâfül sigortacılığının prim üretimi verilerine bakıldığında, geleneksel sigorta şirketlerine göre daha hızlı büyüme hızına sahip olduğu görülmektedir. Bu büyümenin nedenlerini anlayabilmek için mülakata dayanan bir teknik kullanılmıştır. Elde edilen sonuçlara göre bu hızlı büyümenin nedeni olarak Tekâfülün kendinden çok Tekâfül operatörlerinin hasar ödemesini vaktinde yapması ve pazarlama ve satış stratejileri ve sağlam reasürans uygulamasına dayandığı savunulmaktadır. Türkiye'de Tekâfülün yaygınlaşması ve büyümesi için önündeki engellerin kaldırılması gerekir. Bunun için ilk olarak; Tekâfülün bilinirliğinin arttırılması için eğitim-öğretim faaliyetlerinin yapılması ve Tekâfül uygulamasının yasal bir mevzuata kavuşması ve Tekâfül için merkezi bir denetim otoritesinin oluşturulması sağlanmalıdır. Bu çalışmanın sonucu olarak Tekâfülün Türk finansal piyasasında geliştirilebilmesi için öneriler sunulmuştur. Bu öneriler, nicel araştırmaların doğasından dolayı her coğrafya için genelleme yapma konusunda bir kısıtı olsa da Türkiye'de Tekâfül alanında sonrası için yapılacak çalışmalara bir yol göstereceği ifade edilmiştir.

Khan (2015)' e göre poliçe sahipleri ile İslami sigorta (Tekâfül) operatörleri arasındaki ilişkiyi özünde bir asil-vekil ilişkisi olarak tanımlamıştır. Çalışma, Tekâfül operatörlerine sunulan teşviklerin böyle bir ilişkiyle ilişkili sorunları azaltma gücünü analiz etmektedir. Bu teşvikler arasında primlerin bir yüzdesi olarak peşin bir acentelik ücreti olan vekalet; teknik rezervlerden elde edilen yatırım gelirinden bir pay olan mudarebe ve fazlalık paylaşımı (sigorta fazlalığından bir pay) yer almaktadır. Ayrıca, Tekâfül operatörlerine sunulan tüm teşviklerin artı-paylaşımı içermesi gerektiği ve artı-paylaşımın varlığında mudarebe teklifinin yalnızca teknik rezervlere yatırım yapmanın riske göre ayarlanmış getirisi, risklerin sigortalanması için harcanan çabanın benzer bir getirisinden daha ağır bastığında optimal olduğu sonucuna varmaktadır. İşletmeciyi havuzun büyüklüğünü artırmaya teşvik ettiği ve bu da poliçe sahiplerinin yararına olacak şekilde ortalama riski azalttığı için bir vekalet melezi de önerildiğini ifade etmiştir. Çalışma, poliçe sahipleri ile İslami sigorta operatörü arasındaki ilişkinin, iyi bilinen acente problemindeki bir asil ve bir vekil ilişkisi olduğunu belirterek, böyle bir ilişkiyle ilişkili sorunları azaltmak için Tekâfül operatörlerine (TO) sunulan teşvikleri optimal sözleşme bakış açısıyla analiz etmiştir. Yapılan analizin temelinde tüm Tekâfül teşviklerinin artı-paylaşımı içermesi gerektiği, artı-paylaşımın varlığında mudarebe teklifinin her zaman optimal olmayabileceği (mudarebe-artı-paylaşım melezinin yalnızca teknik rezervlerin yatırımından elde edilen riske göre ayarlanmış getirinin, sigortalama için harcanan çabadan elde edilen riske göre ayarlanmış getiriden daha ağır bastığı durumlarda teklif edilmesi gerektiği) sonucuna varmaktadır, vekili havuzun büyüklüğünü artırmaya teşvik ederek ortalama riski poliçe sahiplerinin yararına olacak şekilde azalttığı için vekalet melezi tavsiyesi yatmaktadır. Çalışmada önerilen analiz, güven ve karşılıklılık gibi teşviklere verilen davranışsal tepkilerden soyutlanmıştır.

Ayrıca güvenin seviye etkisine sahip olması beklenirken, Akerlof'un (1982) hediye değişimi anlamında karşılıklılığın vekalet ücretine daha fazla güç katması beklendiğini ifade edilmiştir. Çalışmada kullanılan modelde, teknik rezervlerin sigortalanması ve yatırımı için harcanan çabalar vekalet ücretine bağlı olmadığı belirtilmiştir. Bununla birlikte, hediye takası deneyleri, peşin ücretlerin katılımcılar tarafından bir hediye olarak görüldüğünü ve genellikle yüksek çabayla karşılık verildiğini öngörmektedir. Güven ve karşılıklılık hakkında Englmaier ve Leider (2012) bu ikisinin birbirinin ikamesi olduğunu savunmaktadır; bu da çalışma için optimal teşviklerin mudarebe ve artı-paylaşıma olan bağımlılığı vekalet teşvikleri lehine azaltacağı anlamına gelmektedir. Yazarın ifadesine göre çalışmadan elde edilen ana sonuçlar bu ikameden bağımsızdır. TO'lara sunulan teşvikler incelendiğinde çalışmada verilen değerlere göre, teşvik programlarının %50'sinden fazlasının artı-paylaşım sunmadığı görülmüştür. Wakalah-mudarabah, TO'lara sunulan en popüler teşvik planı olduğu ve Bahreyn, Pakistan, Katar ve BAE'de bu sistemin kullanıldığı ifade edilmiştir. Artı-paylaşım ise Kuveyt ve Suudi Arabistan'da kullanılmakta ve Malezya'da vekalet ile hibrit olarak kullanılmıştır. Bu durum, optimal sözleşme açısından bakıldığında, dünya genelinde sunulan teşvik programlarında iyileştirmeye açık bir alan olduğu ihtimaline işaret etmektedir. İlginç bir şekilde, İslami Finans Kurumları Muhasebe ve Denetim Organizasyonu (AAOIFI) daha önce fazlalık paylaşımına karşı bir pozisyon almış ancak şimdi TO'ların fazlalıktan pay almasına (%30'a kadar) izin vermiştir ki bu doğru yönde atılmış bir adımdır. Ancak Suudi Arabistan Para Otoritesi (SAMA) yakın zamanda operatörleri yalnızca artı-paylaşım teşviklerini kullanmaya ve hibritleri kaldırmaya yönlendirmiştir (Islamic Finance

News Supplements, Mayıs 2012). Makalede yapılan analizde, vekaletin artı-paylaşım ile cazip bir melez olduğunu ve TO'ların performansını artırmasının beklendiğini göstermektedir. Bu da SAMA'nın son yönergesinin yeniden gözden geçirilmesini gerektirmektedir. Malezya'nın yakın tarihli Tekâfül Operasyonel Çerçevesi daha rahat bir yaklaşım benimsemekte ve onaya tabi sözleşmelerin tasarımında çeşitliliğe izin vermektedir (BNM/RH/GL 004-22); bu çerçevenin de çalışmadaki analizden çıkan sonuçlar ışığında ince ayar yapılması gerektiğini ifade etmiştir.

Jamil ve Akhter (2016) çalışmalarında hem Tekâfül hem de Konvansiyonel Sigortalarda şeriat algıları ile müşterilerin değiştirme niyetleri arasındaki ilişkiyi incelemişlerdir. Günümüz dünyasında işletmelerin çoğu müşteri kazanmaktan ziyade müşteriyi elde tutmaya odaklanıyor. Ancak sigorta sistemlerine ilişkin mevcut bilgisi, hedefe ulaşma ve pazarlama taktikleri ile ilgili önemli konuları ele alamamaktadır. Tekâfül, dünya genelindeki Müslüman topluluklarda köklerini güçlendiriyor. Bu çalışmada müşteri memnuniyetinin müşteri değiştirmede önemli bir faktör olduğu düşünüldüğünde, daha da ileri giderek müşteri memnuniyetinin müşteri değiştirme niyetine aracılık rolünü araştırmışlardır. Kolayda örnekleme yöntemi kullanılarak büyük hayat sigortası ve aile Tekâfül şirketlerinin 400 müşterisinden oluşan örneklem büyüklüğü kullanılmıştır. Aile Tekâfül ve Hayat Sigortalarında müşteri memnuniyetinin aracılık rolünü test etmek amacıyla aracılık analizi yapılmıştır. Hayat sigortası ve aile Tekâfüllerinde Şeriat algılarının etkisi önemli bulunmuştur. Ayrıca, müşteri değiştirme niyetlerine kısmen müşteri memnuniyeti aracılık etmektedir. Bu çalışmanın sigorta/Tekâfül uygulayıcıları ve politika yapıcılar için bazı önemli çıkarımları bulunmaktadır. Sigorta/Tekâfül operatörlerini, değiştirme niyetlerini azaltmak için müşterilerle uzun vadeli güçlü ilişkiler sürdürmeye ve geliştirmeye teşvik eder. Tekâfül uygulayıcıları için hem müşterilerin hem de genel kamuoyunun zihninde Tekâfül hakkında net bir anlayış geliştirmeye ihtiyaç vardır. Hem Tekâfül hem de konvansiyonel sigortalarda müşterilerin şeriat algılarının müşteri memnuniyetiyle ne kadar önemli ölçüde ilişkili olduğu görülmüştür. Bu nedenle müşterilerin şeriat algıları büyük ilgi görmüştür. Bu çalışma, daha yüksek Şeriat algılarının Aile Tekâfülü'nde daha yüksek müşteri memnuniyetine yol açtığını göstermektedir. Ancak geleneksel hayat sigortalarında şeriat algıları müşteri memnuniyetini çok fazla artırmamakta, dolayısıyla müşteri değiştirme niyetinin artmasına neden olmaktadır. Hizmet sektörleri bağlamında, müşterinin uzun vadeli çıkarlarını korumak için sigorta şirketlerinin müşterilerle kalıcı ilişkiler kurması ve sürdürmesi yoluyla en iyi hizmeti sunması gerekir. Böylece tüketiciler temel hizmetlerden faydalanabilmektedir. Tekâfül yönetimi açısından bakıldığında, müşteriler arasındaki şeriat algıları müşteri memnuniyetinde önemli bir faktör olup, yöneticilerin müşterilerin ihtiyaçlarını karşılayacak iyi bir aile Tekâfül politikasının nasıl tasarlanacağı üzerinde çalışmaları önemlidir. Müslüman müşterilerin çoğunluğu yakın gelecekte geleneksel sigortadan Tekâfüle geçme niyetinde olduğundan, politika yapıcıların çeşitli medya kanallarını kullanarak Tekâfül hakkında farkındalık yaratmaya odaklanmaları gerekmektedir. Bu araştırmanın temel sınırlılığı örneklem büyüklüğünün küçük olmasıdır. Diğer şehirlerdeki müşteriler de dahil edilerek örneklem büyüklüğü arttırılabilir. Piyasadaki sigorta/Tekâfül müşterilerine doğrudan ulaşmak kolay değil. Bunun nedeni müşterilerin çoğunun sigorta/Tekâfül ofislerine sık sık gelmemesi; yalnızca satış temsilcileriyle doğrudan temas halindedirler. Bu nedenle sigorta müşterilerini bulmak ve bulmak için ek süre gerekmektedir ve bazen satış temsilcisinin yardımı olmadan müşteri bulmak mümkün olmamaktadır. Boylamsal çalışma ile daha geniş ve çeşitlendirilmiş bir örneklem gelecekteki sonuçlar için faydalı olacaktır. Bu çalışma yalnızca Şeriat algılarını, müşteri memnuniyetini ve müşteri değiştirme niyetlerini analiz ederken, müşteri girdisi, değiştirme maliyetleri ve değiştirme engelleri de hizmet sektörünün öne çıkan bir parçasıdır. Gelecekteki çalışmalar müşteri girişinin etkisini de içerebilir.

Khan vd. (2016) çalışmalarında Bangladeş'te İslami sigortacılığın (Tekâfül) tarihini, mevcut sorunlarını ve gelecekteki olasılıklarını açıklamışlardır. Bu konuları açıklamak için araştırmacılar nitel yöntemi benimsemiş ve veriler ikincil kaynaklar, yani makaleler, kitaplar ve çevrimiçi kaynaklar aracılığıyla toplanmıştır. Çalışma, Bangladeş'teki İslami sigortacılığın, İslami sigortacılıkla çelişen ve İslami sigortacılık için çok sayıda soruna neden olan 2010 Sigorta Yasası tarafından düzenlendiğini ortaya koymaktadır. Çalışmalarında aynı zamanda İslami sigortacılığın Bangladeş'te büyük beklentileri olan ve hızla büyüyen bir sektör olduğuna işaret etmektedir. Hükümet hem İslami hem de geleneksel sigortacılık için ayrı düzenlemeler getirmesi gerektiğini ifade etmişlerdir. Araştırma, Bangladeş'te İslami sigortacılığın daha da geliştirilmesi için önerilerle sonuçlanmaktadır. İslami sigortacılık ilk olarak 1999 yılında Bangladeş'te uygulanmaya başlanmıştır. Henüz İslami sigortacılık, hükümet ve İslami sigorta şirketleri arasındaki iş birliği eksikliği nedeniyle düzgün bir şekilde düzenlenmemiştir. Bu sorunun üstesinden gelmek için hükümetin İslami sigortacılık için ayrı düzenlemeler yapması gerekmektedir. Bununla birlikte, İslami sigortacılık Bangladeş'te hızla büyüyen ve olumlu beklentileri olan bir sektördür. Son olarak, çalışmanın mevcut literatürde yer almayan önerileri, İslami Sigortacılığın sorunlarının çözülmesine ve Bangladeş'te İslami ekonominin oluşturulmasına katkıda bulunabileceği ifade edilmiştir.

Akhter ve Khan (2017) çalışmalarında ASEAN ve Orta Doğu Bölgelerinde geleneksel sigorta ve Tekâfül talebinin belirleyicilerini analiz etmeye ve farklılaştırmaya odaklanmışlardır. 2005-2014 dönemi için hem geleneksel sigortaya hem de Tekâfül sahip 14 Asya ülkesinden oluşan bir örnek üzerinde panel veri ekonometri yöntemini kullanmışlardır. Makroekonomik ve demografik faktörlerin geleneksel sigorta ve Tekâfül talebi üzerindeki etkisini değerlendirmek için sabit ve rastgele etkili regresyon modelleri uygulanmıştır. Gelir ve finans sektörünün tüm bölgelerde sigorta talebi üzerinde önemli pozitif etkiye sahip olduğu tespit edilmiştir. Öte yandan bağımlılık oranının tüm bölgelerde Tekâfül talebini olumsuz yönde etkilediği, enflasyonun ise olumlu etki gösterdiği tespit edilmiştir. Kentleşmenin hem geleneksel sigorta hem de Tekâfül talebi üzerinde önemli olumlu etkisi olduğu tespit edilmiştir. Finans sektörünün gelişimi ASEAN bölgesinde sigorta ve Tekâfül talebini olumlu yönde tetiklerken, yalnızca Orta Doğu Bölgesi'nde konvansiyonel sigorta talebini tetiklemiştir. Eğitim her iki bölgede de Tekâfül talebi üzerinde olumsuz etki gösterirken, Orta Doğu'da sigorta talebi üzerinde olumlu etki göstermektedir. Çalışma, ASEAN ve Güney Asya'nın büyük nüfuslu ülkelerinde Tekâfül talebini artırmaya yönelik farkındalık yaratmada kentleşme ve eğitimin kilit rolünü kabul etmiştir. Hem Tekâfül hem de sigorta işletmecilerinin aynı anda çalıştığı 14 Asya ülkesinde gelir, enflasyon, finans sektörü gelişmeleri, bağımlılık oranı, kentleşme ve eğitimin sigorta ve Tekâfül talebi üzerindeki farklılaşan etkilerini tahmin edilmiştir. Burada temel amaç ASEAN ve Orta Doğu bölgelerinde sigorta ve Tekâfül talebinin belirleyicilerini analiz etmek ve farklılaştırmaktır. Konvansiyonel sigorta talebinde gelir, kentleşme, finans sektöründeki gelişmeler, enflasyon ve eğitim önemli faktörler iken, Tekâfül talebinde enflasyon, gelir, eğitim, kentleşme ve bağımlılık oranı göreli talebi etkileyen önemli faktörlerdir. ASEAN bölgeleri için gelir, kentleşme ve finans sektöründeki gelişmeler hem sigorta hem de Tekâfül talebi üzerinde önemli derecede olumlu etki yaratırken bağımlılık oranı olumsuz etki göstermektedir. Enflasyon Tekâfül talebini olumlu, sigortayı ise olumsuz etkiliyor. Orta Doğu bölgesi örneğinde gelir, enflasyon ve kentleşme her iki ürün talebi üzerinde olumlu etki gösterirken, bağımlılık olumsuz etki göstermektedir. Eğitim sigorta talebini olumlu yönde tetiklerken, bilinçsizliği nedeniyle Tekâfül talebini olumsuz etkilemektedir. Kişi başına düşen gelirin artması ve kentleşme, bu ülkelerde hem sigorta hem de Tekâfül ürünleri için büyüme fırsatları sağlamaktadır. ASEAN ve Güney Asya bölgesi, özellikle Güney Asya bölgesinde daha düşük şehirleşmeye sahip olup hem sigorta hem de Tekâfül operatörlerinin eğitim yoluyla genel kamuoyuna farkındalık sağlayarak büyümelerine fırsatlar sunmaktadır. ASEAN bölgesinde sigorta alanında Tekâfül talebi ivme kazanıyor ve onu Orta Doğu takip ediyor. Orta Doğu bölgesinde Tekâfül talebi (yoğunluk bazında) sigortaya göre oldukça düşüktür. Kişi başına düşen gelirdeki büyüme, eğitim seviyesi, enflasyon ve kentleşme nedeniyle artan riskle birlikte finans sektöründeki gelişmeler, bu sigorta ve Tekâfül ürünlerini satın almak için mevcut daha büyük kaynaklar nedeniyle insanları dikkatli bir şekilde hedefleyerek ve çekerek hem sigorta hem de Tekâfül için büyüme fırsatları sunmaktadır. Daha düşük farkındalık düzeyiyle birlikte daha yüksek bağımlılık oranı (eğitim düzeyiyle gösterilir), özellikle ASEAN bölgesindeki Tekâfül talebini olumsuz etkiliyor ve engeller çıkarmaktadır. Enflasyonun etkisi de olumludur. Tekâfül talebi, özellikle ASEAN'da artan enflasyonla birlikte insanların dini inançları nedeniyle de bu Şer'i uyumlu ürünleri tercih ettiğini göstermiştir. ASEAN ve Orta Doğu bölgelerinde gelişme aşamasında olan ve hatta Güney Asya bölgesinde oldukça düşük seviyede olan Tekâfül konusunda politika yapıcıların politikalar geliştirmesi ve farkındalık yaratması gerekmektedir. Bu araştırma, hem geleneksel sigortanın hem de Tekâfül 'ün büyümesinde kentleşmenin kilit rolünü kabul etmiştir. Dolayısıyla politika yapıcıların, eğitim ve diğer kentsel olanaklara sınırlı erişime sahip, uzak bölgelerde yaşayan büyük nüfusa sahip ASEAN ve Güney Asya ülkelerinde kentleşme ve eğitim sürecini iyileştirebilecek politikalar tasarlamaya odaklanmaları gerekmektedir. Bu araştırma bulguları aynı zamanda demografik ve ekonomik etkilerin bölgeler arasında farklılık gösterdiğini, dolayısıyla politika yapıcıların sigorta ve Tekâfül endüstrisini teşvik etmek için bu bölgeleri kültürel ve ekonomik yapılarına göre hedeflemeleri gerektiğine dair içgörüler de sağlamaktadır. Yükseköğretim kurumlarında sigorta konusunda herhangi bir eğitim verilmediğinden ve yüksek eğitimli kişilerde Tekâfül bilgisi daha da sınırlı olduğundan gelecekteki araştırmacılar sigorta ve Tekâfül farkındalığını doğru bir şekilde ölçebilecek diğer faktörlere odaklanabilirler. Bu nedenle Eğitim, Tekâfül bilincinin gerçek bir ölçüsü ve vekili olarak görülmeyebilir. Küresel mali kriz, kurumsal ve politik faktörlerin talep üzerindeki etkisi dikkate alınarak sigorta ve Tekâfül ürün grupları (aile veya genel Tekâfül ile hayat veya hayat dışı sigorta) kullanılarak gelecekteki çalışmalar yapılabilir.

Karbhari vd. (2018) yaptıkları çalışmada, 2002-2013 dönemi için 21 ülkeden 134 Tekâfül sigortacısından oluşan kapsamlı bir örneklem kullanarak kurumsal yönetim özellikleri ile küresel Tekâfül Sigortası operatörlerinin teknik ve ölçek verimlilikleri arasındaki ilişkiyi incelemişlerdir. Alternatif etkinlik tahmincileri kullanarak elde ettikleri sonuçlar, Tekâfül operatörlerinin etkin olmadığını göstermiş ve yaygın yönetimsel uyuşukluk ve operasyonel verimsizliğin varlığına işaret ettiğini belirtmişlerdir. Yaptıkları ek analizler sonucunda, icracı olmayan yöneticilerin, denetim komitelerinin ve ürün çeşitlendirmesinin teknik verimliliği artırmadığını tespit etmişlerdir. Aksine, denetim komiteleri ve düzenleyici yargı yetkisi ölçek verimliliğini azaltma eğiliminde olduğu belirtmişler. Ayrıca CEO/başkan ikiliği, yönetim kurulu büyüklüğü, organizasyon yaşı, düzenleyici yargı yetkisi ve firma büyüklüğünün teknik etkinlik ile pozitif bir ilişkisi olduğunu bulmuşlardır. Ayrıca, icracı olmayan yöneticiler, Şeriat kurulu, ürün çeşitlendirmesi ve kurumsal sahipliğin ölçek etkinliğini artırdığını raporlamışlardır. Yaptıkları çalışma özellikle Orta Doğu Kuzey Afrika (MENA) ve Güneydoğu Doğu Asya (ASEAN) bölgelerindeki Tekâfül sektörünün verimliliğine ilişkin yeni ve genişletilmiş bölgesel kanıtlar sunduğunu ifade etmişlerdir. Çalışmadan elde edilen bulgulara göre yatırımcılar, düzenleyiciler ve diğer piyasa katılımcıları için önemli politika çıkarımları sağlayacağı ifade edilmiştir. Ayrıca Tekâfül sigortacılarının verimsiz olduğunu ve bunun da olası yönetsel ve operasyonel ilgisizliğe işaret ettiğini ortaya koymaktadır. İcracı olmayan direktörlerin, denetim komitelerinin ve ürün çeşitlendirmesinin teknik verimliliği artırmadığı bulunmuştur. CEO/başkan ikiliği, yönetim kurulu büyüklüğü, organizasyonel yaş, düzenleyici yargı yetkisi ve firma büyüklüğü teknik etkinlik ile pozitif bir ilişkiye sahipken, icracı olmayan direktörler, Şeriat kurulu, ürün çeşitlendirmesi ve kurumsal sahipliğin ölçek etkinliğini artırdığı bulunmuştur. MENA'da hem sahiplik yapısının hem de CEO/başkan ikiliğinin teknik verimliliği önemli ölçüde azalttığını ve yönetim kurulu büyüklüğünün ölçek verimliliği için negatif bir ilişki gösterdiğini bulmuşlardır. ASEAN bölgesinde ise sadece CEO/başkan ikiliği teknik verimlilikle önemli ölçüde ilişkiliyken, denetim komiteleri ve SSB büyüklüğü ölçek verimliliği ile pozitif bir ilişki sergilemiştir. Elde ettikleri bulgular politika yapıcılar, yatırımcılar ve diğer piyasa katılımcıları için potansiyel fayda sağlayabileceği gibi Tekâfül operatörlerinin verimliliğine ilişkin gelecekteki araştırmalar için de bilgi sağlayabileceğini ifade etmişlerdir. Örneğin, bu alternatif ve hızlı büyüyen sigorta sektöründe verimli performans olasılığını etkileyen kurumsal yönetim belirleyicilerinin incelenmesi, CEO ve yönetim kurulu başkanı pozisyonlarının ayrılmasının önemi ve teknik verimliliğin artırılmasındaki rolü hakkında güçlü kanıtlar sunmaktadır. Geleneksel sigorta sektörü ile karşılaştırmalı bir değerlendirme de bu alternatif sigorta sektörünün ilerleme düzeyi hakkında değerli kanıtlar sağlayacaktır. Genel olarak, bu çalışma yönetim kurulundaki yönetici olmayanların oranının Tekâfül şirketlerinde teknik verimsizliğe yol açtığını ortaya koymaktadır. Bununla birlikte, yönetim kurulu büyüklüğünün hem teknik hem de ölçek verimliliği ile pozitif bir ilişkisi olduğu görülmekte, bu da daha büyük operatörlerin küçük operatörlere göre daha yüksek verimliliği teşvik etme olasılığının daha yüksek olduğunu göstermektedir. Ayrıca, ürün uzmanlaşmasının Tekâfül verimsizliğini artırdığı görülmekte, bu da Tekâfül firmalarının kapsam ekonomilerini tam olarak gerçekleştiremediğini göstermektedir. Son olarak, yerleşik yargı alanlarındaki firmaların teknik açıdan daha fazla fayda sağladığı, ancak faaliyet ölçeği açısından fayda sağlamadığı görülmektedir. Bu durum, yerleşik piyasalardaki düzenlemelerin sektörün büyümesini engellediğini göstermektedir. Bu durum, düzenleyiciler tarafından çıkarılan yeni inisiyatiflerin baskısı, düşük Tekâfül penetrasyonu, bileşik lisans düzenlemeleri ve yeterli sermayelendirmenin sürdürülmesi gerekliliği nedeniyle daha belirgin hale gelmektedir. Kuşkusuz, bu durumun Tekâfül ortamı üzerinde derin bir etkisi olacaktır. Bu nedenlerle, özellikle sektörün büyümeye ve kendini desteklemeye devam etmesi için, belki de uluslararası yabancı katılım yoluyla birleşme ve satın almaların kaçınılmaz hale geleceğini tahmin edildiği ifade edilmiştir. Bu durumun Malezya ve Körfez İşbirliği Konseyi (KİK) gibi çeşitli pazarlarda yaşandığı gibi daha güçlü, sürdürülebilir ve daha dirençli bir platform yaratmayı amaçlayan konsolidasyon yoluyla olabileceği söylenmiştir.

Almulhim, T. (2019)'e göre son yirmi yılda sigorta sektöründeki kayda değer büyümeye rağmen, Tekâfül ile geleneksel sigorta şirketlerinin performansını iki aşamalı bir süreç olarak üretimin standart yapısına, yani operasyonlar ve karlılığa odaklanarak değerlendiren çok az çalışma bulunmaktadır. Dolayısıyla bu araştırma, iki üretim aşamasının verimliliğini değerlendirmek ve buna bağlı olarak lider aşamayı tanımlamak için iki aşamalı bir veri zarflama analizi kullanarak Suudi Arabistan sigorta piyasasının performansını incelemektedir. 2014-2017 yılları için 26 geleneksel ve yedi Tekâfül sigorta şirketine ait veriler kullanılarak elde edilen ampirik sonuçlar, her iki şirket türü için de ortalama etkinlik skorlarının düştüğünü göstermektedir. Başka bir deyişle, Suudi Arabistan sigorta piyasası, firmaların dinamik ve güçlü olmalarına yardımcı olmak için yeni konsolidasyon ve yabancı katılım düzenlemelerine ihtiyaç duymaktadır. Bu çalışma, Suudi Arabistan'ın Tekâfül ve geleneksel sigorta şirketlerinin iki aşamalı verimliliğine ilişkin özel bir analizin eksikliği göz önüne alındığında önemli bir katkı sağlamaktadır. Ayrıca, Suudi Arabistan ve diğer gelişmekte olan sigorta piyasalarındaki karar alıcılar, düzenleyiciler ve sigorta sektörüyle ilişkili yöneticiler için önemli çıkarımlar sunmaktadır. Çalışma, örneklem dönemi için şu sonuçları sunmaktadır. İlk olarak hem Tekâfül hem de geleneksel sigorta şirketlerinin ortalama etkinlik skorları monoton bir şekilde düşmüştür. İkinci olarak, düşük etkinlik seviyelerine olası bir çözüm, şirketlerin dinamik hale gelebilmesi ve Suudi Arabistan'ın kalabalık pazarında rekabetçi kalabilmesi için sigorta sektörüne yönelik konsolidasyon ve yabancı katılım düzenlemelerinin iyileştirilmesidir. Üçüncü olarak, Tekâfül sigorta şirketleri ortalama etkinlik skorları açısından geleneksel sigorta şirketlerinden daha iyi performans gösterseler de genel etkinlik ve verimlilik açısından iyileştirmeye açık alanlar bulunmaktadır. Dördüncü olarak, yöneticiler ve düzenleyiciler İslam'ın genel iş birliği ve dayanışma ilkeleri temelinde tasarlanan Tekâfül/Şeriat ürünlerinden faydalanmalıdır. Son olarak hem Tekâfül hem de geleneksel sigorta şirketleri için liderlik aşamasını belirlemeye yönelik ampirik analiz, iki aşama arasındaki dengeyi geliştirmek için liderlik aşamasının optimize edilmesinin gerekli olduğunu ortaya koymaktadır. Bu çalışma, Suudi Arabistan'ın sigorta sektörünün genel performansını iyileştirmeye ve geliştirmeye çalışan düzenleyicilere ve yöneticilere yardımcı olabilir. Ayrıca, ampirik sonuçlar ve bunların çıkarımları, SAMA'nın son derece rekabetçi bir ortam için net düzenlemeler tasarlamasına yardımcı olacağı söylenebilir. Bununla birlikte, sigorta sektörünün en çok kazananlar arasında olacağı ve

Suudi Vizyon 2030'un odak alanları arasında yer aldığı göz önüne alındığında, daha kapsamlı çalışmalara ihtiyaç duyulmaktadır.

Yazarların çalışmalarında ifade ettiğine göre Alshammari vd. (2019), Körfez İş birliği Konseyi (KİK) sigorta sektörü, geleneksel sigorta ve Tekâfül de dahil olmak üzere, son on yılda kayda değer bir büyümeye tanık olmuştur. Bununla birlikte, bu bölgenin ekonomileri birincil gelir kaynağı olarak petrole dayanmaktadır ve finansal piyasalarında gelişme eksiktir. Bu durumun sigorta sektörünü etkileyebileceğini söylemişlerdir. Bu nedenle çalışmalarında, 2009-2016 yılları arasındaki verilerle stokastik sınır maliyet fonksiyonu kullanarak petrol fiyatlarının ve finansal piyasanın KİK ülkelerindeki sigorta ve Tekâfül sektörlerinin maliyet verimliliği üzerindeki etkisini incelemişlerdir. Elde edilen sonuçlara göre, petrol fiyatları ile verimlilik arasındaki ilişkinin fiyatlar arttığında pozitiften negatife döndüğünü, finansal piyasa ile verimlilik arasındaki ilişkinin ise negatif olduğunu göstermektedir. Geleneksel sigortacılık ve Tekâfül arasındaki farklardan petrol fiyatlarının verimlilik üzerindeki etkisine dair net bir kanıt ortaya çıkmamaktadır. Ancak, finansal piyasa ile ilgili olarak, geleneksel sigortacılık üzerinde negatif ve Tekâfül sigortası üzerinde pozitif bir etki ile farklılıklar vardır. Tekâfül endüstrisi KİK'teki konvansiyonel sigortacılığa kıyasla hızla büyümektedir ve bu nedenle finansal piyasanın KİK bölgesi için ilave faydaları olabilir. Ancak, finansal piyasanın geleneksel sigortacılık üzerindeki etkisine ilişkin olarak dikkatli olunması gerekmektedir. Ayrıca, yönetimin petrol fiyatlarındaki şoklardan kaçınmak için KİK ekonomilerinin doğasıyla başa çıkacak stratejiler geliştirmesi gerekebilir. Yazarların bu çalışması, Wang'ın (2002) yılında yayınladığı makalesindeki modelini benimseyerek 2009-2016 yılları arasında stokastik sınır maliyet fonksiyonunu kullanarak petrol fiyatlarının ve finansal piyasanın KİK sigorta sektöründeki maliyet verimliliği üzerindeki etkisini incelemiştir. Petrol fiyatları ve verimlilik arasındaki ilişkinin sonuçları negatif olarak anlamsız çıkmıştır. Bununla birlikte, petrol fiyatları ile verimlilik arasındaki ilişkiyi gösteren petrol fiyatlarının verimlilik üzerindeki marjinal etkisi belirli bir noktada pozitiftir ve daha sonra negatife dönüşmektedir. Petrol fiyatı, sigortacıların ve Tekâfül sağlayıcılarının iş bulmakta zorlanmadığı ölçüde tüm ekonomiyi etkileyebilir ve bu da yöneticilerin daha az çaba sarf etmesine ve/veya harcamalara daha fazla para harcamasına neden olur. Elde edilen bu sonuç Hartwell (2016) ve Ross (2015) yaptıkları çalışma sonuçları ile uyumlu olduğunu ifade etmişlerdir. Buna ek olarak, ortalama toplam endeks oranı ve borsa kapitalizasyonunun GSYH'ye oranı finansal piyasanın göstergeleridir ve sonuçlar etkinlik ile negatif bir ilişki göstermektedir. Bu durum kaynak laneti hipotezini destekleyebilir ve literatürde daha önce çalışılan diğer bulgularla benzerlik göstermektedir (Hartwell, 2016; Ross, 2015). Tekâfül sağlayıcıları ve geleneksel sigortacılar arasında petrol fiyatları ve finansal piyasanın maliyet verimliliği üzerindeki etkisine ilişkin farklılıklar açısından, petrol fiyatlarının verimlilik üzerindeki etkisine dair net bir kanıt bulamamışlardır. Bununla birlikte, finansal piyasa ile ilgili olarak, geleneksel sigortacılık üzerinde olumsuz ve Tekâfül işi üzerinde olumlu bir etki ile farklılıkların var olduğu söylenmiştir. Tekâfül sektörü KİK'teki konvansiyonel sigortacılığa kıyasla hızla büyümektedir ve bu nedenle finans piyasası KİK bölgesi için ek faydalar sağlayabilir. Ancak, finansal piyasaların konvansiyonel sigortacılık üzerindeki etkisine ilişkin olarak dikkatli olunması gerekmektedir. Bu çalışmanın sonuçları düzenleyiciler için çıkarımlarda bulunmaktadır. Finansal sermaye piyasası ile verimlilik arasındaki ilişki, düzenleyicileri sigorta sektörünün sürdürülebilirliğini artırmak için çok sayıda aracı içeren sermaye piyasaları oluşturmaya teşvik etmektedir. Yönetim, yeni ve etkili ürünler yaratmak için insan kaynaklarını geliştirerek maliyet verimliliğini artırabilir. Kaynak kullanımını en üst düzeye çıkarmak amacıyla sağlam dağıtım sistemleri için yeni teknolojilere yatırım yapmalıdırlar. Ayrıca, sigortalama ve hasar uygulamaları firma performansının güçlendirilmesinde önemli bir role sahiptir ve her türlü eksiklik ve sızıntı operasyonel döngüyü etkiler. Ayrıca yönetim, petrol fiyatlarındaki şoklardan kaçınmak için Körfez İşbirliği Konseyi (KİK) ekonomilerinin doğasına uygun stratejiler geliştirilmesini gerektirebilir. Bu çalışma ile ilgili sınırlamalarla ilgili olarak, veri mevcudiyeti akademide yaygın bir ikilemdir. Araştırma BAE, Suudi Arabistan ve Bahreyn için makul büyüklükte bir örneklem kullanılmıştır, ancak Kuveyt, Umman ve Katar piyasaları için örneklem, açıklama ve yayın eksikliği nedeniyle sınırlıdır. Ayrıca, veriler KİK'teki sigorta sektörünü etkileyen değişkenleri, yani borç piyasası değişkenlerini içerebileceği söylenmiştir.

Benyoussef ve Hemrit (2019) çalışmalarında Suudi Arabistan'daki sigorta şirketlerinin etkinliğini veri zarflama analizi (VZA) kullanarak ölçmek, öncelikle girdi ve çıktıların belirlendiği sigortalama süreçlerinin etkinliğini analiz etmeyi amaçlamışlardır. Ayrıca, bu çalışma 2014 yılında Tekâfül ve kooperatiflerin etkinliğini karşılaştırmayı amaçlamaktadır. Bu tekniğin iki ana yaklaşımını dikkate alarak ve 23 sigorta şirketinden oluşan bir örneklemi göz önünde bulundurarak, elde edilen sonuçların sigorta şirketlerinin verimli çalışmadığını ortaya koyduğunu gösterilmiştir. Ayrıca, şirketlerin sınıflandırılması, ortalama olarak, Tekâfül sigortalarının kooperatif sigorta şirketlerinden nispeten daha verimli olduğunu keşfetmeye olanak sağlamaktadır. Bu makalenin ana bulgusu, kooperatif sigorta şirketlerinin sistemlerinde daha iyi kaynak tahsisine ihtiyaç duyulmasıdır, çünkü bazı Tekâfül sigorta şirketleri kaynak fazlasına sahiptir ve diğer kooperatif şirketlerinde kaynak eksikliği gözlemlenmiştir. Çalışmada Suudi Arabistan sigorta şirketlerinin teknik ve ölçek etkinliği değerlendirilmeye çalışılmıştır. Etkinlik skorları, bir karar verme birimi (KVB) için çoklu girdiler ve çıktılar arasındaki ilişkiyi modellemek için kullanılan parametrik olmayan bir yöntem olan VZA kullanılarak hesaplanmıştır. Bu metodoloji, verimsiz birimlerde verimsiz sigorta şirketlerinde yapılabilecek olası gelişmelere ilişkin tahminler sunmakta ve böylece Tekâfül ve kooperatif sigorta şirketlerinde kıyaslama şirketlerinin belirlenmesine olanak tanımaktadır, böylece emsallerin en iyi uygulamaları verimli hale gelmek için uygulanabilir. Genel teknik verimlilik ve ölçek verimliliği analizlerinden, ortalama olarak, sigorta şirketlerinin hem önemli verimsizliklere yol açan hem de 2014 yılında girdiler ve çıktılar arasında kaçınılmaz ödünleşimler yaratan içsel uygulanabilirlik ve doğrulanabilirlik sorunlarından muzdarip olduğu bulunmuştur. Çalışmanın çıkış noktası, teknik verimliliğin, firmanın brüt primlerinin ve sermayesinin farklı iş kollarına uygun şekilde dağıtılmasıyla geliştirilebileceği gerçeğine dayanmaktadır. Daha sonra, brüt girdiler ve sermaye VZA modelinin girdileri olarak kabul edilmiştir. Bir birimde meydana gelen hasarlar ve yatırımlar modelin çıktıları olarak ele alınır ve bir firmanın verimliliğini gösterir. VZA yaklaşımı, verimsiz birimlerin verimli hale gelmek için başvurabilecekleri kıyaslama kuruluşlarının belirlenmesine yardımcı olur. VZA'nın VZA-

VRS olarak bilinen ilk yaklaşımı KVB'lerin etkinliğini elde etmek için ele alınmıştır. Analizlerimiz, 2014 yılına ait ortalama etkinlik skorunun %58,3 olduğunu ortaya koymuştur. Etkinlik skorlarına göre VRS modelinde 23 birimden altısı (KVB2, KVB3, KVB8, KVB21, KVB22 ve KVB23) güçlü etkin olarak bulunmuştur, ancak bunların arasında iki Tekâfül şirketi bulunmaktadır. VZA-CRS'ye göre etkinlik skoru %38,3'tür. Bu durumda, Tekâfül sigorta şirketlerinin kooperatif şirketlere göre nispeten daha etkin olduğu görülmektedir. Elde edilen bu sonuçlar daha önce literatürde yapılan çalışmalarla karşılaştırılmış, Antonio ve diğerleri (2018), Saad (2012) ve Ismail ve diğerlerinin (2011) çalışmalarını doğrulamamakla birlikte Dewi ve Murni'nin (2016) bulgularını teyit etmiştir. Sonuç olarak, puanlar genel olarak değerlendirilen kooperatiflerin çalışma dönemi boyunca kaynakları yatırıma ve taleplere dönüştürmede teknik olarak verimsiz olduğunu kanıtlamıştır. Bu durum çoğunlukla ortalama %33,7'lik bir ölçek verimsizliği ile üretim ölçeğinin uyumsuzluğundan kaynaklanmaktadır. Sektörde en iyi uygulamalara sahip olan başlıca büyük şirketler halihazırda dikkate alındığından, örnekleme dahil edilmemiş olan diğer sigorta şirketlerinin de dikkate alınması halinde muhtemelen aynı ifade geçerli olacaktır. Bu çalışmanın sonucuna göre, sigorta sektörünün sürdürülebilir büyümesinin sağlanması için doğal kaynakların en uygun şekilde kullanılmasına ilişkin acil politika müdahaleleri için bir arka plan olarak hizmet etmemelidir. Daha ziyade Suudi Arabistan'da gelecekteki Kooperatif ve Tekâfül operasyonlarının verimliliğinin artırılması için özel yönlere işaret etmektedir.

Alshammari vd. (2019)'e göre son yıllarda, Tekâfülün ortaya çıkmasıyla eklenen oyuncu sayısı nedeniyle sigorta sektöründe rekabet artmıştır. Çalışmaları, Wang'ın (2002) yaptığı çalışmasındaki stokastik sınır maliyet fonksiyonu modelini kullanarak, 2009-2016 yılları arasında Körfez İş birliği Konseyi (KİK) ülkelerindeki sigorta sektöründe rekabetin geleneksel sigorta ve Tekâfül sektörlerinin maliyet verimliliği üzerindeki etkisini stokastik sınır maliyet fonksiyonu kullanarak incelemişlerdir. Genel olarak sonuçlar, rekabet ve verimlilik arasındaki ilişkinin pozitif olduğunu ve daha az rekabetçi bir piyasada yöneticilerin firmalarının piyasa gücünü kullanabileceği ve çabalarını azaltabileceği Sessiz Yaşam (QL) hipotezini desteklediğini göstermiştir. Ancak daha da önemlisi, Tekâfül operatörleri ile geleneksel sigortacılar arasında bu açıdan farklılıklar bulunmaktadır. Rekabet ve verimlilik arasındaki ilişki geleneksel sigortacılık söz konusu olduğunda negatif, sadece Tekâfül için pozitif çıkmaktadır. Rekabet ve maliyet verimliliği arasındaki pozitif ilişki, politika yapıcıları ve düzenleyicileri, verimliliği artıracak rekabetçi bir sigorta sektörünü desteklemeye teşvik edebilir. Bununla birlikte, rekabet derecesinin farkında olmalı ve piyasaya giriş için kısıtlamaları ve gereklilikleri dikkatli bir şekilde kullanmaları gerektiği ifade edilmiştir. Çalışmanın devamında yoğunlaşmış piyasalarda faaliyet gösteren geleneksel sigortacılar ve Tekâfül operatörleri marjinal maliyetlerin üzerinde fiyat belirleyebilmektedir. Bu ortam, yöneticilere piyasadaki konumlarını korumak için çok çalışmaları yönünde baskı yapmamaktadır. Dolayısıyla, yöneticiler çabalarını gevşetebilir ve bu da verimliliğin azalmasına neden olur. Bu sonucun literatürde yapılan diğer çalışmalar tarafından da desteklendiği belirtilmiştir (Fenn vd., 2008; Alhassan ve Biekpe, 2016; Berger ve Hannan, 1998). Geleneksel sigorta ve Tekâfül operatörleri arasındaki etkinlik farklılıkları ikincisinin birincisinden daha az etkin olmasıyla ortaya çıkmaktadır. Yoğunlaşma ve pazar payı ile etkinlik arasındaki ilişki geleneksel sigortacılıkta negatif iken Tekâfül'de pozitiftir. Bu çalışmanın sonuçları düzenleyiciler, politika yapıcılar ve yönetim için çıkarımları içerdiği ifade edilir. Rekabet ve maliyet verimliliği arasındaki pozitif ilişki, düzenleyicileri verimlilik kazanımları elde etmek amacıyla rekabetçi bir ortamı desteklemeye, piyasaya giriş için kısıtlamaları ve gereklilikleri dikkatli bir şekilde uygulamaya teşvik edebilir. Bunu yapmak firmaları karlılıklarını artırmaya teşvik edecek ve aynı zamanda ürün ve hizmetlerde çeşitliliği destekleyecektir. Yönetim, yeni ve etkili ürünler ortaya koyacak insan kaynakları geliştirerek maliyet verimliliğini artırabilir. Kaynak kullanımını en üst düzeye çıkarmak amacıyla sağlam dağıtım sistemleri için yeni teknolojilere yatırım yapmalıdırlar. Ayrıca, sigortalama ve hasar uygulamaları, firmaların performansını güçlendirmede önemli bir role sahiptir; eksiklikler ve kaçaklar operasyonel döngüleri etkilemektedir. Kısıtlamalarla ilgili olarak, burada BAE, Suudi Arabistan ve Bahreyn ile ilgili olarak makul büyüklükte bir örneklem kullanılmasına rağmen, Kuveyt, Umman ve Katar için kamusal alanda açıklama ve yayma eksikliği nedeniyle daha az veri mevcuttu. Dolayısıyla, veri mevcudiyetindeki müteakip iyileştirmeler tahmin sonuçlarının sağlamlığını artıracaktır. Gelecekteki araştırmalar, KİK ülkelerindeki sigorta sektörü sonuçları üzerinde daha geniş bir değişken grubunun etkilerini araştırmayı da amaçlayabileceği ifade edilmiştir.

Md Husin ve Haron (2020) çalışmalarında Ocak 2009'dan Haziran 2019'a kadar yayınlanan makalelerden Tekâfül talebine ilişkin literatürün sistematik bir incelemesini sunmuşlardır. İnceleme, boşlukları belirlemek ve gelecekteki araştırma yönünü sağlamak için daha önce yayınlanmış araştırmaları sentezlemeyi ve bölümlere ayırmayı amaçlamıştır. Literatürün sistematik bir incelemesi yapılmıştır. Geçmiş araştırmalar analiz edilmiş ve araştırma odağı, bağlamı ve metodolojisine dayalı içerik karşılaştırmaları değerlendirilmiştir. Kaliteli dergilerde Tekâfül talebi üzerine çok fazla şey yazılmadığı ve yayınlanmadığı tespit edilmiştir. Bu çalışma aynı zamanda kurumsal sektörden gelen Tekâfül talebine çok fazla dikkat edilmediğini de ortaya koymuştur. Belge arama ve seçme için tanımlanan kural, ilgili olabilecek kapsam dışı belgeleri hariç tutmuştur. Ayrıca, bu çalışma yalnızca İngilizce dergilerde yayınlanan makalelere odaklandığından, ilgili diğer çalışmaların farklı bir dilde başka bir yerde ortaya çıkma olasılığı da göz ardı edilmemiştir. Takas talebini belirleyen faktörler sunulmuş ve yöneticilerin pazar payını daha da geliştirmek için kullanabilecekleri genel yönergeler tartışılmıştır. Taklitçi talep üzerine bu kadar kapsamlı bir literatür taraması daha önce yapılmadığı ifade edilmiştir. Literatürdeki belirsizlikleri, boşlukları ve çelişkileri ortaya koymanın yanı sıra, bu çalışma daha ileri araştırmalar için bir yol çizdiğini belirtmişlerdir. Ayrıca, Tekâfül talebi üzerine araştırma yapmak isteyen diğer araştırmacılar için de bilgi ve rehberlik sağlamaktadır. Fakat Tekâfül talebi alanında yalnızca sınırlı sayıda makale yayınlandığını görülmüştür. Araştırma makaleleri, demografik ve ekonomik faktörler olmak üzere iki geniş kategoriye ayrılabilecek olan Tekâfül talebini etkileyen çeşitli faktörleri tanımlamıştır. Ayrıca makale, hangi ekonomik ve demografik faktörlerin Tekâfül talebini etkilediğini vurgulamakta ve bu nedenle pratik rehberlik sunmaktadır. Yazarların çalışmada ifade ettiğine göre, kurumsal sektör genel Tekâfül ve konvansiyonel sigorta toplam primlerine %50'den fazla bir oranda katkıda bulunmaktadır. Kurumsal sektörün Tekâfül katkısı kurumların ve ülkenin ekonomik kalkınması için önemli olmakla birlikte, bu çalışması kurumsal sektörden gelen Tekâfül talebi üzerine çok az araştırma yapıldığını ortaya koymuş ve bu alanda gelecekte yapılacak araştırmalar için birçok olanak sunmayı amaçlamıştır. Bu çalışmanın bazı sınırlılıkları bulunmaktadır. İlk olarak, titiz veri arama, bulma ve toplama çalışmaları yürütülmüş olsa da incelenen makale sayısının sınırlı olması, ilgili olabilecek kapsam dışı makaleleri dışarıda bırakmış olabileceklerini ifade etmişlerdir. Bununla birlikte, inceleme için seçilen makalelerin Impact Factor ve Scopus endeksli dergilerde yayınlandığı göz önüne alındığında, makalelerin analiz için yeterli kalitede olduğu kabul edilmiştir. İkinci olarak, bu çalışma yalnızca İngilizce dergilerde yayınlanan makalelere odaklanmış ve bu nedenle İngilizce olmayan makaleler ile konferans bildirileri, yayınlanmış ve yayınlanmamış kitaplar ve kitap bölümleri, tezler ve gri literatür gibi diğer literatür türlerine yer verilmemiştir. Bu nedenle, bu makalede ele alınmayan diğer dillerde ve yayın ortamlarında başka ilgili çalışmaların ortaya çıkma olasılığı yadsınmamakta olduğunu belirtmişlerdir.

Hassan (2020)'a göre Tekâfül kavramının uzun bir geçmişi vardır. Küreselleşme ve sosyo-ekonomik sistemlerin gelişimi, ortaya çıkan insan ihtiyaçları ve gereksinimlerine yanıt olarak ticari faaliyetleri daha karmaşık hale getirmiştir. Benzer şekilde, Tekâfül sigortacılığı da tamamen ticarileşmiş ve uluslararası finans piyasasının önemli bir göstergesi haline gelmiştir. Çalışma, başlangıcından bu yana Tekâfül mekanizmasını ve prosedürlerinin gelişimini anlamayı yani Tekâfül mekanizmasının kökenini, evrimini ve tarihsel gelişimini, operasyonlarını, modellerini ve yönetim çerçevesini, önceki çalışmalardan ve mevcut uygulamalardan elde edilen mevcut literatür taramasıyla incelemeyi amaçlamaktadır. Çalışmaya göre modern Tekâfül sigortacılığı ilk olarak

1979 yılında Sudan'da başlamıştır. Tekâfül operasyonları Şeriat kanunlarına uymak ve Şeriat Denetleme Kurulu'nun gözetimi altında çalışmak zorundadır. Gelişmesinden bu yana, Şeriat alimleri bu çalışmada açıklanacak olan çeşitli Tekâfül modelleri ortaya koymuşlardır. Ayrıca, "İslami Finansal Hizmetler Kurulu" ve "İslami Finansal Kurumlar için Muhasebe ve Denetim Organizasyonu" da dahil olmak üzere çeşitli İslami kuruluşlar, Tekâfül endüstrisini daha da geliştirmek ve güçlendirmek için kılavuzlar ve denetimler sağlamıştır. Yapılan bu çalışma, Tekâfül'ü hem Pakistan'da hem de uluslararası pazarda büyük potansiyele ve gelecek vaat eden bir sigorta sektörü olarak kabul etmektedir. Analiz sırasında, geleneksel sigortacılığın eşsiz büyümesinden sorumlu olan çeşitli eksiklikler ve boşluklar tespit edilmiştir. Bu eksiklikler ve boşluklar sektör oyuncularının, Şeriat alimlerinin ve Tekâfül sigorta şirketlerinin ortak çabalarıyla ortadan kaldırılabilir. Bu nedenle, İslam alimleri ve akademik araştırmacılar, Tekâfül mekanizmasının mevcut uygulamalarını mevcut piyasa taleplerine ve tüketici yaklaşımına göre geliştirmeye ve değiştirmeye teşvik edilmektedir. Araştırma çabaları, Tekâfül operatörlerinin Şeriata uygun daha yenilikçi Tekâfül ürünleri geliştirmelerine yardımcı olacağı ifade edilmiştir. Sonuç olarak, daha fazla tüketici pazarına erişilmesine yardımcı olacak ve Tekâfülün büyümesini daha da artıracağı belirtilmiştir. Çalışma, Tekâfül modellerinin mekanizmasına ilişkin temel bir anlayış sağlama çabasıdır ve Tekâfül modellerinin zaman içinde nasıl geliştiğini ve değiştiğini anlamaya yardımcı olmayı amaçlamaktadır. Ayrıca, Tekâfül modellerinin mevcut uygulamalarının daha da geliştirilmesi ve iyileştirilmesi için bir temel oluşturarak Tekâfül endüstrisinde daha fazla ilerleme kaydedilmesini sağlayacağı söylenmiştir. Kısacası, Tekâfül sigortası, toplum arasında dayanışmaya ve ortak faydaya odaklanan karşılıklı bir iş birliği konseptidir. Rekabetçi unsurların varlığı, geleneksel sigortacılıktan farklı olarak Tekâfül işini daha cazip hale getirmektedir. Bu nedenle Tekâfül sigortacılığı, başlangıcından bu yana son otuz yılda dünya genelinde yaygınlaşmaktadır. Tekâfül mekanizması, önde gelen Şeriat alimlerinin gözetimi ve rehberliği altında çalışmakta ve belirli bir bölgenin geçerli Şeriat kanunları uyarınca yasalaştırılmaktadır; bu da güvenilirliğini pekiştirmekte ve poliçe üyeleri ile potansiyel tüketicilerin güvenine eşlik etmektedir. Bu çalışma Tekâfül 'ün kökenini ve başlangıcından bu yana geliştirilmekte ve uygulanmakta olan uygulama modellerini göstermektedir. Tekâfül modelleri, önceki eksikliklerin üstesinden gelirken ve iş gereksinimlerini bir araya getirirken zaman içinde gelişmiştir. Sonuç olarak, Tekâfül sigortacılığı Müslüman ülkelerde büyük bir potansiyele sahiptir. Müslüman ülkelerdeki her vatandaşın varsayılan tercihi olacağına dair bir öngörü vardır. Faaliyetler Orta Doğu ve Güney Asya ülkelerinde yoğunlaşmakta ve hızla Avrupa ve Avustralya'ya yayılmaktadır. Benzersiz özellikleri nedeniyle uluslararası sigorta pazarına da gireceği öne sürülmektedir. Tekâfül piyasası inovasyon, farkındalık, risk yönetimi sorunları ve finansal modelleme gibi birçok zorlukla karşı karşıyadır. Bu nedenle, bu zorlukların üstesinden gelinerek Tekâfül işinin ilerlemesi kesinlikle artırılabilir.

Nugraheni ve Muhammad (2020) çalışmalarında demografik özellikleri ve coğrafi koşulları göz önünde bulundurarak Endonezya'daki Tekâfül endüstrisi için mevcut olan olası yenilikleri tanımlamayı ve açıklamayı amaçlamışlardır. Endonezya ağırlıklı olarak Müslüman nüfusa sahiptir ve bu nedenle Tekâfül piyasası için iyi bir potansiyel sunduğu ifade edilmiştir. Bu çalışma, Tekâfül sektöründeki inovasyon stratejilerini tartışmak için nitel, tanımlayıcı ve literatüre dayalı bir yöntem kullanmıştır. Bu yöntem, mevcut literatürden elde edilen bilgi ve verileri analiz ederek belirli koşul ve olguları incelemek için uygun olduğu ifade edilmiştir. Pazar, ürün ve süreç inovasyonları Endonezya'daki Tekâfül pazarını genişletmek için uygun stratejiler olarak seçilmiştir. Toplumu Tekâfül katılmaları yönünde etkileyerek bu yenilikleri uygulamak ve böylece Tekâfül pazarını genişletmek için kullanılabilecek stratejiler tanımlanmıştır. Açıklanan inovasyon stratejileri Endonezya'nın demografik özelliklerine uyarlanmıştır ve bu nedenle farklı ortamlara sahip diğer ülkelere genelleştirilemez. Tekâfül endüstrisi, müşterilerin demografik ve coğrafi koşullarını göz önünde bulundurarak Endonezya'nın toplum özelliklerine ve çevresel koşullarına uygun inovasyon türlerini seçmesi gerektiği ifade edilmiştir. Bu çalışma özellikle Endonezya toplumunun sosyo-ekonomik koşullarını tanımlayarak Tekâfül sektöründeki inovasyon stratejilerini tartışmıştır. Endonezya'daki Tekâfül şirketleri, karşılaştıkları müşteri demografik ve coğrafi koşullarına göre takip ettikleri inovasyon türlerini belirlemek için çalışmadan elde edilen sonuçları kullanabileceği ifade edilmiştir. Çalışma sonuçlarına göre Tekâfül endüstrisi Endonezya ekonomisinde önemli bir rol oynamaktadır. Tabarru' fonları şeklinde sosyal değer sunmakta ve İslami ilkelere uygun sigorta sağlamaktadır. Genel olarak İslami bankalara kıyasla Tekâfülün düşük piyasa penetrasyonu, Tekâfül endüstrisini yenilikçi stratejileri hayata geçirmeye teşvik etmesi gerektiği ifade edilir. Çalışma, Tekâfül endüstrisi tarafından takip edilebilecek inovasyon türlerini de önermektedir. Müşterilerin demografik ve coğrafi koşullarını göz önünde bulundurarak Endonezya'daki toplulukların özelliklerine ve çevresel koşullara uyacak inovasyon türünü seçmelidir. Tekâfülün tanıtılması ve Tekâfül faaliyetlerine katılımın teşvik edilmesi hedefine ulaşılabilmesi için her farklı koşul farklı bir strateji gerektirmektedir. Bu çalışma, Tekâfül endüstrisinin inovasyon stratejilerini açıklarken çeşitli kısıtlamalara sahiptir. İlk olarak, açıklanan stratejiler Endonezya'daki çevresel özelliklere uyarlanmıştır, bu nedenle farklı ortamlara sahip diğer ülkelere genellenemeyebilir. Bu nedenle, her bölgedeki müşteri demografik ve coğrafi koşullarının belirlenmesi önemlidir. İkinci olarak, bu çalışma sadece bir literatür taramasına dayanmaktadır, bu nedenle daha spesifik ampirik çalışmaların yapılması gerekmektedir. Gelecekteki araştırmalar, anketler yoluyla ve belirli bölge türlerini uygun Tekâfül ürün ve hizmet türleriyle eşleştirerek tüketicilerin neye ihtiyaç duyduğunu daha fazla belirleyebilir. Üçüncü olarak, tüketicilerin motivasyonlarını ve arzularını anlamak için planlı davranış teorisi veya İslami pazarlama gibi teoriler kullanılabilir. Bu tür faaliyetler sayesinde Tekâfül endüstrisi, teoriye dayalı bilgileri, tüketicilerin özelliklerini ve belirli bölgelerdeki gerçek koşulları entegre ederek tüketici ihtiyaçlarını daha iyi anlayabilir. Sonuç olarak, Tekâfül ürünleri sadece şeriat ilkelerine uygun oldukları için değil, aynı zamanda müşterilerin ihtiyaçları doğrultusunda performans gösterdikleri için de yatırım ve riskten korunma aracı olarak seçilebileceği ifade edilmiştir.

Khan vd.(2020)' ifadesine göre Tekâfül: (İslami Sigorta), İslam toplumlarının ve ekonomilerinin sigorta ihtiyaçlarını karşılamadaki önemine rağmen, ancak son zamanlarda önemli bir akademik araştırma hacmine ulaşmıştır. Çalışmalarında hem bibliyometrik (nicel) hem de içerik (nitel) analizini kapsayan bir meta-literatür metodolojisi aracılığıyla Tekâfül üzerine mevcut katkıların kapsamlı bir analizini sunmuşlardır. Ayrıca 69 makaleyi gözden geçirerek İslami finans sektörü, toplumları ve ekonomileri, akademik araştırmalar ve politika yapıcılar için titiz bir arka plan sağlamayı amaçlamışlardır. Tekâfül üzerine önde gelen üç araştırma akışını belirlemiş ve gözden geçirmişlerdir. Bu süreç genel bakış, büyüme yolları ve modelleri; yönetişim mekanizmaları, ürünler/hizmetler ve müşteri algısıdır. Ayrıca önde gelen akademik kurumları, ülkeleri, dergileri, yazarları, ortak yazarlık ağlarını ve bu akımlar içindeki konumlarını belirlemişlerdir. Son olarak, geleceğe yönelik 16 önde gelen araştırma sorusu türetmiş ve özetlemişlerdir. Elde edilen sonuçlara göre Tekâfül literatürünün ülkeler, yazarlar, kurumlar, makaleler ve atıf ağları gibi etkili yönlerini ortaya koymaktadır. Son olarak, bu çalışma, içerik analizinden kaynaklanan Tekâfül için gelecekteki araştırma gündemini sunmaktadır. Gelecekteki araştırmalara yönelik tüm öneriler benzer bir arka planı paylaşmakta ve ilgili politika çıkarımlarını sağlamaktadır. Sigortanın ekonomik büyümeyi teşvik etmede oynadığı rol iyi bilinmektedir ve Tekâfül için de benzer bir etki beklemenin mantıklı olduğu ifade edilmiştir. Bununla birlikte, halihazırda araştırılması gereken Tekâfülün gelişimine yönelik sınırlamalar bulunmaktadır. İlk olarak, Şeriat ilkelerinin yorumlanması ve kültürel farklılıklar, daha fazla standardizasyon için yapılan genel bir çağrıya karşın yönetişim, ürünler ve düzenlemelerde çeşitlilik ortaya çıkmaktadır. İkinci olarak, Şeriat kurulu performans, verimlilik ve risk alma açısından Tekâfül için henüz derinlemesine incelenmemiş bir rol oynayabilir. Üçüncü olarak, büyüme tüketicilerin farkındalık eksikliğinden etkilenirken, pazarlama ve davranışsal etkiler en iyi uygulamalara ilişkin güçlü kanıtlar oluşturabilecek şekilde analiz edilmemiştir. Son olarak, literatürdeki bazı sonuçlar coğrafi kapsam açısından son derece sınırlıdır ve daha geniş örneklemler üzerinde sağlamlık açısından ampirik olarak test edilmeleri gerekmektedir. Bu çalışma da bazı kısıtlamalara tabidir. Meta-literatür metodolojisi, atıfların makale kalitesinin tek ölçüsü olduğunu varsayar: bu nedenle, şu anda hiç atıf almayan yüksek kaliteli makaleleri gözden kaçmış olabilir. Ayrıca, çalışmada kullanılan veri tabanı ISI WOK'taki katkıların mevcudiyeti ile sınırlıdır. Bu iki potansiyel önyargıyı sınırlandırmak için, atıf puanlarına bakılmaksızın ve bilindiği kadarıyla yüksek dereceli dergilerde yayınlanan son makalelere genişletilmiş bir içerik analizi dahil edilmiştir.

Rubio-Misas (2020) çalışmasında, 2009-2016 döneminde Tekâfül şirketleri ve konvansiyonel sigortacılardan oluşan ikili bir sisteme sahip yedi piyasada finansal istikrar üzerine ülkeler arası kanıtlar sunmuştur. Tekâfül şirketleri ile konvansiyonel sigortacılar arasında sağlamlık açısından farklılıklar olup olmadığı ve sahiplik yoğunlaşmasının firmaların risk almasını etkileyip etkilemediği test edilmiştir. Sağlamlık ölçütü olarak Z-skoru kullanılmış ve analiz iki aşamalı sistem-GMM uygulanarak gerçekleştirilmiştir. Faaliyet gösterdikleri segmente ve çeşitlendirme stratejisine göre karşılaştırıldıklarında, Tekâfül şirketleri ile konvansiyonel sigortacılar arasında istikrar açısından önemli farklılıklar olmadığı görülmüştür. Ancak, orta ölçekli Tekâfül şirketleri geleneksel sigortacılardan daha istikrarlıdır ve bu da orta ölçekli Tekâfül şirketleri elde etmek için küçük Tekâfül şirketlerinin birleşme ve satın almalarını teşvik eden bir politikanın vurgulanması gerektiğini düşündürmektedir. Elde edilen sonuçlara göre daha yoğun sahiplik yapısına sahip şirketlerin daha düşük finansal istikrar seviyeleri gösterme eğiliminde olduğunu ortaya koymaktadır; bu durum, yakın sahiplik yapısına sahip şirketlerde sahip ve yönetici teşviklerinin daha uyumlu olduğu görüşüyle tutarlıdır. Finansal istikrar ölçütü olarak, sağlamlığın iki temel yönüne, riske göre ayarlanmış getirilere ve riske göre ayarlanmış sermayelendirmeye odaklanılmıştır. Ancak iyi yönetişim ve sağlam bir risk yönetimi çerçevesinin de finansal istikrar için önemli olduğu vurgulanmıştır. Sadece finansal istikrar ölçütü olarak (Z-skoru) değil, aynı zamanda onun bileşenleri olan aktif getirisi, sermayeleşme, riskte aktif getirisi ve Z-skorunu oluşturan iki katkı oranı olan, riske göre ayarlanmış getirilerde ve riske göre ayarlanmış sermayeleşmede önemli derecede kalıcılık olduğu tespit edilmiştir. Sonuçlar, firmanın faaliyet gösterdiği segment ve çeşitlendirme/uzmanlaşma stratejisini dikkate alarak karşılaştırma yapıldığında, Tekâfül ve konvansiyonel firmalar arasında sağlamlık açısından farklılıklar olmadığı görülmüştür. Bu bulgu, Tekâfül işletmelerinin, geleneksel sigortacılara kıyasla, belirsizliğin ve aşırı risk almanın tabarru sözleşmesi kullanılarak sözleşme düzeyinde ortadan kaldırılabilmesi ve fonların katılımcılar ve hissedarlar arasında ayrılması gibi onları yüksek bir sağlamlık düzeyine götürebilecek bazı özelliklere sahip olmalarına rağmen, finansal istikrar açısından bunları tersine çevirebilecek başka özelliklere de sahip olmaları ile açıklanabilir. Bu şekilde, Şeriat hukukunun karmaşıklığının Tekâfül şirketlerinin operasyonel riskini artırabileceğini ve Tekâfül yatırım fırsatlarının İslam'a uygun ürünlerle sınırlı olmasının bu şirketlerde varlıkların yükümlülüklerle eşleştirilmesini daha zor hale getirebileceği vurgulanabilir. Bununla birlikte, Tekâfül şirketleri arasında farklı büyüklük gruplarını dikkate alarak analiz yapıldığında ve Tekâfül teşebbüsünün yerleşik olduğu ülkeyi farklılaştırıldığında bazı farklılıkların ortaya çıktığı görülmüştür. Sonuçlar, orta büyüklükteki Tekâfül şirketlerinin geleneksel sigortacılara göre daha istikrarlı olduğunu göstermekte, ölçek ekonomilerinin Tekâfül şirketlerinin istikrarı için önemli olduğunu düşündürmektedir, çünkü sonuçlar, geleneksel sigortacılarla karşılaştırıldığında küçük ve büyük Tekâfül şirketleri arasında sağlamlık açısından farklılıklar olmadığını göstermektedir. Konvansiyonel ve Tekâfül şirketlerinin risk alma açısından karşılaştırılmasında da bazı ülkeler arası farklılıklar bulunmuştur. Ürdün'deki Tekâfül şirketleri konvansiyonel sigortacılara göre daha yüksek düzeyde istikrar göstermektedir ve örneklemi halka açık firmalarla sınırlandırıldığında Ürdün'deki Tekâfül şirketlerinin istikrar açısından üstünlüğü devam etmektedir. İncelenen piyasalarda sahiplik yoğunlaşmasının finansal istikrar üzerindeki etkisine ilişkin olarak, sahiplik yoğunlaşmasının firmaların finansal istikrarını azalttığı bulunmuş; bu durum, büyük bir mal sahibinin daha fazla nakit akışı hakkına sahip olmasının, bu mal sahibinin iş kararlarını etkileme gücüne sahip olması nedeniyle daha fazla riskle ilişkili olduğu görüşüyle tutarlı olduğu tespit edilmiştir. Ayrıca, sonuçların firma büyüklüğünün finansal istikrarı olumlu yönde etkilediğini ortaya koyduğunun altını çizilmiş, tıpkı bağlı olmayan tek bir şirket olma gerçeğinde olduğu gibi. Firma başarısızlığından kaçınma ile ilgili olarak bulgulardan çeşitli çıkarımlar ve politika önerileri ortaya çıkmaktadır. İncelenen ülkelerdeki hayat segmentinin hayat dışı segmente kıyasla mali açıdan daha az güçlü görünmesi, bu piyasalarda hayat sigortasının faydaları konusunda daha fazla farkındalığa ihtiyaç duyulduğunun altını çizmektedir. Bu farkındalık, sermaye yeterliliği, uygun sigortalama yönetimi, hasar yönetimi ve yönetişimin diğer kısımları ile tamamlanmalıdır. Bir diğer öneri de hem kârlılık hem de sağlamlık açısından artış sağlayabilecek orta ölçekli Tekâfül şirketlerine sahip olmak için küçük Tekâfül şirketleri arasında konsolidasyonun teşvik edilmesi gerektiğidir. Buna ek olarak, büyük bir şirket sahibinin daha yüksek oranda hisseye sahip olmasının daha düşük finansal istikrar ile ilişkili olduğu bulgusu göz önünde bulundurularak, düzenleyiciler ve politika yapıcılar tarafından hem düzenlemenin tasarımında hem de uygulanmasından sonra akılda tutulmalıdır. Bu anlamda, gelecekteki araştırmalar için bir yol, her bir firmanın yönetişim yapısındaki hissedarların karşılaştırmalı gücüne bağlı olarak ülke düzenlemelerinin firma sağlamlığı üzerinde farklı bir etkisi olup olmadığını analiz etmek olabilir.

Lim vd. (2021)'e göre Risk bazlı sermaye, sigortacılar için asgari sermaye gerekliliklerini belirlemek için kullanılır, ancak bir varlığın gerçek riskinin yanlış değerlendirilmesi durumunda sigortacıların daha yüksek risk taşımasına da neden olabilir. Çalışmalarında Malezya sigorta sektörünün etkinliğini, verimliliğini ve rekabet gücünü araştırmışlardır. Düzenleyici politikaların faydası, özellikle risk temelli sermaye çerçevesine odaklanılarak incelenmiştir. Yapılan çalışma, 2000-2017 yılları arasında Malezya'da faaliyet gösteren tüm sigorta şirketlerini kapsamaktadır. Veri zarflama analizi, Malmquist verimlilik endeksi ve Panzar-Rosse metodolojileri kullanılmıştır. Bulgular, hayat sigortacılarının genel sigortacılara göre daha verimli ve rekabetçi olduğunu göstermektedir. Risk bazlı sermaye gerekliliklerinin uygulanmasının ardından geleneksel sigortacıların etkinlik ve verimliliğinde bir bozulma söz konusudur. Bununla birlikte, Tekâfül için risk bazlı sermaye çerçevesi Tekâfül sigortacılarının etkinliğini ve verimliliğini artırmaktadır. Bulguların, sigortacılık faaliyetleri üzerindeki kısıtlamaların düzeyi gibi iş stratejisi geliştirme üzerinde etkileri bulunmaktadır. Genel sigortacıların verimliliği artırmak için teknolojiyi geliştiren fiyatlandırma ve hasar sistemlerini kullanmaları önerilmektedir. Tekâfül için risk bazlı sermaye çerçeveleri, sigortacıların risk profillerine karşılık gelen yeterli düzeyde sermaye oranını korumalarını sağlamak amacıyla Malezya'daki konvansiyonel ve Tekâfül sigortacılarını düzenleyen ana düzenleyici politikalardır. Bununla birlikte, Tekâfül için risk bazlı sermaye uygulaması rekabet ortamını değiştirmekte ve sigortacıları finansal istikrarlarına göre ayırmaktadır. Bu çalışmanın amacı, hayat ve genel sigortacılar ile konvansiyonel ve Tekâfül sigortacılarının etkinlik, verimlilik ve rekabet gücünü belirlemektir. Bu çalışma aynı zamanda sigortacıların Tekâfül için risk bazlı sermaye uygulaması öncesi ve sonrası etkinlik, verimlilik ve rekabet gücünü de araştırmaktadır. Veriler ISM İstatistik Yıllığı, Bank Negara Malaysia'nın resmi web sitesi ve ilgili sigorta şirketlerinin yıllık raporlarından elde edilmiştir. Etkinlik, verimlilik ve PITA skorlarını hesaplamak için sırasıyla veri zarflama analizi, Malmquist verimlilik endeksi ve Panzar-Rosse metodolojileri kullanılmıştır. Hayat sigortacıları genel sigortacılardan daha verimli iken Tekâfül sigortacıları geleneksel sigortacılardan daha verimlidir. Geleneksel sigortacılar risk bazlı sermaye öncesi dönemde daha verimliyken, Tekâfül sigortacıları Tekâfül için risk bazlı sermaye uygulamasının ardından verimlilik artışı göstermiştir. Hayat sigortacıları da genel sigortacılardan daha verimlidir. Konvansiyonel ve Tekâfül sigortacılarının benzer bir verimlilik düzeyine sahip olduğu, ancak konvansiyonel sigortacıların risk bazlı sermayenin uygulaması sonrasında verimliliklerinde bir düşüş olduğu görülmektedir. Tekâfül sigortacıları, Tekâfül için risk bazlı sermayenin uygulamaya konmasından sonra verimlilikte değişiklik göstermemektedir. Tekâfül sigortacıları 2000-2008 döneminde konvansiyonel sigortacılara kıyasla daha agresif rekabetçi davranışlar sergilerken, 2009-2013 ve

2014-2017 dönemlerinde bunun tam tersi söz konusudur. Bu durum, risk bazlı sermayenin sigortacıların rekabet gücünü artırdığını, Tekâfül için risk bazlı sermayenin ise Tekâfül sigortacıları için aynı şeyi yapmadığını göstermektedir. Bulgular, tüm örneklem dönemi boyunca dengesizliğe dair kanıtlar sunmaktadır, ancak alt örneklem dönemlerinin çoğunda (2000-2008, 2009-2013 ve 2014-2017) denge görülmektedir. Malezya sigorta sektöründe incelenen vakaların çoğunda tekelci ya da tam rekabet olmak üzere yüksek düzeyde rekabet vardır. Bu durum, sigortacıların kısa vadede pozitif ekonomik kâr elde ettiklerini, ancak uzun vadede neredeyse sıfır kâr elde ettiklerini göstermektedir. Bulgular, Malezya'daki Tekâfül için risk bazlı sermayenin sigorta düzenleme politikası hakkında faydalı bilgiler sağlamaktadır. Risk bazlı sermaye etkinlik ve verimlilik artırıcı değildir, ancak rekabet gücünü artırmaktadır. Ancak, Tekâfül için risk bazlı sermaye uygulamasını takiben Tekâfül sigortacıları için bunun tam tersi görülmektedir. Risk bazlı sermaye çerçevesi, sigortacıların toplam sermaye yeterliliğinin %130'un üzerinde tutmalarını gerektiren sermaye kısıtlamaları getirmektedir. Şu anda Malezya sigorta sektörü, risk bazlı sermaye çerçevesinde belirtilen asgari seviyenin çok üzerinde, %245'lik bir toplam sermaye yeterlilik oranına sahiptir (Shankar 2019). Dolayısıyla, sigortacılar toplam yatırımlarını artırarak (minimum %130 SYR'yi koruduklarından emin olarak) nihayetinde etkinlik ve verimliliklerini artırabilirler. Aksine, Tekâfül sigortacıları, Tekâfül için risk bazlı sermaye uygulamasının ardından teknoloji odaklı sistemleri günlük operasyonlarına uyarlamaya teşvik edilmektedir. Bulgular ayrıca genel sigortacıların saf teknik verimsizlik yaşadığını göstermektedir. Genel sigortacılar, teknolojiyi geliştiren (yapay zeka ve bilişsel hesaplama) fiyatlandırma ve hasar sistemleri kullanarak verimliliklerini artırabilirler.

Abdul Razak vd. (2021) çalışmalarında Malezya'daki Tekâfül ve sigorta şirketlerinin performansını değerlendirmişlerdir. Sahiplik, iş modeli ve piyasa yapısının geleneksel ve Tekâfül şirketlerinin performansı üzerindeki etkisini incelemişlerdir. Firmalar arası karşılaştırmalar, farklı iş modelleri altında faaliyet gösteren firmaların performansı ve rekabet gücü hakkında bilgi sağlamaktadır. Çalışma, 2011-2016 yılları arasında 255 firma gözlemi ile 44 Malezya Tekâfül ve sigorta şirketinin verilerini analiz etmek için Panel Düzeltilmiş Standart Hata (PCSE) regresyonu ile dengesiz panel veri yaklaşımını kullanılmıştır. Çalışmanın bulguları, Tekâfül ve sigorta şirketlerinin primleri açısından eşit performans gösterdiğini ortaya koymaktadır. Ancak, Tekâfül daha iyi yatırım gelirine sahiptir. Yabancı sermayeli firmalar yerel firmalardan daha iyi performans göstermektedir. Etkin piyasa hipotezi, firmaların performansını açıklamada yapısal davranış hipotezinden daha güçlüdür. Çalışmanın sonuçlarının, Tekâfül ve sigorta sektörünü yönetmelik değişiklikleri doğrultusunda verimli bir endüstri olarak iyileştirmeye ve geliştirmeye yardımcı olması beklenmektedir. Bu çalışmanın, Malezya'da Tekâfül ile geleneksel sigortacılığı performans, piyasa yapısı ve sahiplik açısından karşılaştıran ilk çalışma olduğu ifade edilmiştir. Bugüne kadar, performans göstergeleri, piyasa yapısı, bankacılık modeli ve sahiplik türlerine dayalı olarak Tekâfül ve geleneksel sigortacılık arasında çok az karşılaştırma yapılmıştır. Sektörde rekabet derinleştikçe, Tekâfül operatörlerinin performansını geleneksel sigortacılıkla karşılaştırmalı olarak değerlendirmek önem kazanmaktadır. Sektör hızla büyüdüğü için bu özellikle önemlidir. Bu çalışma, sektörün ilerlemesini ampirik olarak kanıtlamaya çalışmakta ve performansın sağlığı ve iyileştirilmesi ülkenin ulaşmaya çalıştığı sağlam finansal sisteme katkıda bulunduğundan rakiplerini ortaya koymaktadır. Bulgular, Tekâfül operatörlerinin yatırım geliri açısından geleneksel sigortacılıktan daha iyi performans gösterdiği görülmüştür. Ayrıca sonuçlar, kazanılan net primin geleneksel ve Tekâfül operatörleri arasında aynı olduğunu göstermektedir. Bu durum, kısa geçmişlerine rağmen Tekâfül operatörlerinin gelişmiş geleneksel sigorta piyasası ile her açıdan rekabet edebileceklerinin ve yatırım açısından daha iyi performans gösterebileceklerinin iyi bir göstergesidir. Geleneksel piyasa yapısı hipotezi, kazanılan net primi güçlü bir şekilde şekillendirmese de Tekâfül ve geleneksel sigortanın yatırım gelirini etkilemektedir. Ayrıca, piyasa gücünün alternatif ölçütü olan etkinlik hipotezi, performans ölçütleri üzerinde daha önemli bir etki göstermekte ve firmaların etkin olmak için daha fazla baskıya maruz kaldıklarını ortaya koymaktadır. Dolayısıyla, uzun vadede, bu durum daha düşük fiyatlara dönüşebilir. Böylece, bunu yapabilen firmalar pazar payı açısından diğerlerinden daha fazla fayda sağlayacaktır. Firma büyüklüğü, performansın finansal ölçütleri üzerinde olumsuz bir etkiye sahiptir. Ayrıca, iş modeli ve sahiplik türüne bağlı olarak, çeşitli belirleyicilerin etkisinin geleneksel sigorta ve Tekâfül operatörleri arasında farklılık gösterdiğine dair kanıtlar sunulmuştur. Genel olarak, firma büyüklüğü ve kaldıracın performans üzerindeki etkileri geleneksel sigorta ve Tekâfül operatörleri arasında farklılık göstermektedir. Analizde Tekâfül operatörleri, bazı göstergelerde konvansiyonel sigortacılığın üstün olmasına rağmen, tüm ölçütlerdeki performansları açısından konvansiyonel sigortacılık ile güçlü bir şekilde rekabet etmektedir. Genel olarak Tekâfül, sektörün büyümesine katkıda bulunmakta ve ikili bir finansal sistemde rekabeti artırmaktadır. Sonuçların, Tekâfül ve sigorta sektörünü yönetmelik değişiklikleri doğrultusunda verimli bir endüstri olarak iyileştirmeye ve geliştirmeye yardımcı olması beklenmektedir. Bu çalışma, sektörün genel performansı ve segmentleri hakkında değerlendirme yaparak ve destekleyici kanıtlar sunarak literatüre katkıda bulunmayı amaçlamıştır. Tekâfül operatörlerinin, köklü ve iyi sermayeli geleneksel sigortacılıktan kaynaklanan önemli bir rekabetle karşı karşıya olduğu iyi belgelenmiştir. Bu çalışma, performans ve belirleyicileri de dahil olmak üzere çeşitli açılardan Tekâfül ve sigortacılık arasındaki farklılaşmaya ilişkin tartışmalara katkıda bulunmaktadır. Çalışmanın sonuçları Malezya'daki düzenleyiciler için çıkarımlar sağlamaktadır. Yapısal davranış hipotezi desteklenmemiştir ve bu nedenle düzenleyicilere sektördeki sağlıklı rekabeti teşvik etmeleri önerilmiştir. Çalışmanın yararlarına rağmen, çalışma gelecekteki araştırmalar için önerilerde bulunmaktadır. Bu çalışma, sektöre daha fazla genelleme sağlamak için ikili sisteme sahip çeşitli ülkeleri kapsayacak şekilde genişletilebilir. Metodolojik bir bakış açısıyla, gelecekteki araştırmalar, çalışmanın bulgularını iyileştirmek ve panel veri modelleriyle ilgili endojenlik potansiyelini dikkate almak için dinamik bir panel tahminini benimseyebilir.

Alokla vd. (2022) çalışmalarında, hem Körfez İş birliği Konseyi (KİK) hem de Malezya ekonomilerindeki Tekâfül firmalarının ödeme gücü belirleyicilerini araştırarak Tekâfül üzerine yeni oluşmakta olan literatüre katkıda bulunmayı amaçlamışlardır. Temel amaçları, bu firmaların ödeme gücü belirleyicileri hakkında daha derin bir anlayış geliştirmektir. 52 Tekâfül firmasının 2011-2016 dönemine ait mikro verilerini kullanarak, firma büyüklüğünün ve vekalet ücretlerinin ödeme gücünü önemli ölçüde azalttığını belgelemişlerdir. Düzenleyici bir bakış açısıyla, bu bulgu, vekalet ücretlerinin yüzdesinin yakından izlenmesi gerektiğinin altını çizmektedir. Ayrıca, aktif karlılığı ve risk tutma ve yatırım geliri oranları dahil olmak üzere diğer açıklayıcı değişkenlerin ödeme gücü ile önemli ölçüde ilişkili olmadığını bulmuşlardır. Genel olarak, elde edilen sonuçlara göre birçok farklı model spesifikasyonuna karşı sağlam kalmaktadır. Daha ileri analizler, KİK ve Malezya Tekâfül firmaları arasında önemli farklılıklar olduğunu göstermektedir. Bu durum, iki piyasadaki finansal gelişimin farklı aşamaları ile açıklanabileceğini ifade etmişlerdir. Çalışma iki ana bulgu sunmaktadır. İlk olarak, vekalet ücretlerinin ödeme gücü üzerinde olumsuz bir etkisi vardır ve ikinci olarak, firma büyüklüğü de ödeme gücünü olumsuz etkilemektedir. Sonuçlara bakıldığında hem KİK hem de Malezya'daki düzenleyiciler, yatırımcılar, müşteriler ve Tekâfül yöneticileri gibi yerel paydaşlar için önemli çıkarımlara sahiptir. İlk olarak, düzenleyiciler ve denetleyiciler finansal istikrarı artırmak için Tekâfül firmalarının risk alma uygulamalarını dikkatle izlemelidir. Örneğin, Tekâfül firmalarının vekalet ücreti yapısının denetlenmesi, tüm sektörün güvenilirliğini artırabilir. İkinci olarak, elde edilen bulgulara göre daha küçük ölçekli firmaların daha düşük iflas olasılığı sergilediğini göstermektedir. Bu hem yatırımcılar hem de müşteriler için önemli bir çıkarımdır. Yatırımcılar küçük ölçekli Tekâfül firmalarına fon tahsis etmeyi düşünebilir. Bu sadece yatırımcıların toplam riskini azaltmakla kalmayacak, aynı zamanda rekabeti desteklerken ve verimliliği artırırken sektörün büyümesi için sağlam bir zemin oluşturacaktır. Benzer bir şekilde, rasyonel bir müşteri, sigortacının iflas riskinin daha düşük olması nedeniyle beklenen ödemeleri daha yüksek olduğundan, küçük ölçekli Tekâfül şirketinden sigorta poliçesi satın alacaktır. Son olarak, Tekâfül firmalarındaki yöneticilerin risk alma konusunda rasyonel kararlar almalarına yardımcı olabilir ve sigorta firmalarının ödeme gücü riskini azaltma konusunda ek bir bakış açısı sunabilir. Yazarlara göre çalışmada bazı kısıtlamalar bulunmaktadır. İncelenen Tekâfül firmalarının gelir tabloları ve bilançolarından elde edilen verilere dayanarak firmaya özgü ve makro belirleyicilere odaklanmışlardır. Tekâfül alanındaki ampirik araştırmalar halihazırda mevcut verilerle sınırlıdır. Bu araştırma için veri tabanı oluşturma çalışmaları, İslami finans ve Tekâfül alanındaki diğer araştırmacıların yeterli veri tabanlarını elle oluşturmak için gereken zaman ve çaba açısından büyük maliyetler konusundaki deneyimlerini doğrulamaktadır. Tekâfül araştırmaları için yeterli ampirik veri eksikliği sorunu ancak piyasanın gelişmesiyle birlikte zaman içinde çözülebilir.

Şimşek ve Pekkırbızlı (2022)' e göre ilk çağlardan bu yana insanlar risk paylaşımı ve sosyal dayanışma ile ilgili birçok kurum geliştirmişlerdir. Bunların en gelişmişi günümüzdeki sigorta sistemidir. İslam toplumlarında da sosyal güvenlik kurumlarının varlığı ilk günden beri bilinmektedir. İslam hukukunda teorik ve tarihsel bağlamda sigortayı çağrıştıran birçok uygulama bulunmaktadır. Günümüzdeki kavramlardan biri de Tekâfülü. Tekâfül, İslami esaslara dayalı bir sigorta sistemidir. Tekâfül sigortacılığının işlemesini sağlayan çeşitli modeller vardır. Bunlardan biri mudaraba ve vekâleti birleştiren hibrit modeldir. Katılımcıların sisteme katılımı ve gelirin yönlendirilmesi önceki sistemlerde olduğu gibi yapılır. Hibrit Tekâfül modelinde, Tekâfül operatörü katılımcıların bağışlarının bir yüzdesini alır. Bu kısım vekalet modeli gibidir. Bununla birlikte, yatırımlardan elde edilen gelirin önceden belirlenmiş bir yüzdesini de alır.

Bu, mudaraba Tekâfülün içerir ve hibrit bir Tekâfül modeliyle sonuçlanır. Bu çalışmada Tekâfül sigortacılığının hibrit model merkezindeki işleyişi ele alınmıştır. Ayrıca fıkhi açıdan mevcut sigorta sistemine göre Tekâfülün meşruiyeti incelenmiştir. İslam dininin temel amacı, dinin, canın, aklın, malın ve neslin korunmasıdır. Can ve malın korunması için İslam tarihi boyunca farklı sosyal güvenlik yöntemleri uygulanmıştır. İslam tarihi boyunca uygulanan sosyal güvenlik çalışmaları arasında Peygamberimiz zamanında uygulanmaya başlayan muahat, zekât ve fitre, karz-ı hasen, kasame ile sonraki yıllarda daha da yaygınlaşan vakıf ve âkile yöntemlerini zikretmek mümkündür. Tarih boyunca farklı sosyal güvenlik yöntemleri uygulanmıştır. Günümüzde ise daha çok İslami çevreler tarafından benimsenen ticari sigortacılık ve Tekâfül sigortacılığı alternatif olarak uygulanmaktadır. Tekâfül sigortacılığının en temel iddiası, geleneksel sigortacılıkta bulunan ancak İslam'ın yasakladığı birçok kurala uymasıdır. Ticari sigortaların garar içeren sözleşmeler olması, kumar, riba ve haksız kazanç içermesi nedeniyle İslami çevreler tarafından tereddütle karşılanmaktadır. İşbirliğine dayalı Tekâfül sigortaları, ticari sigortalarda görülen birçok sorunu çözmektedir. Tekâfül sigortası, risk paylaşımına dayalı bir kooperatif ve katılım sigortası sistemidir. Mevcut durumda Tekâfül sigortası ve hibrit model, bağış ve hibeye dayalı bir sözleşme olduğu için garar ihtimalini ve yatırımların İslami fonlara yönlendirilmesi sonucu faiz ihtimalini ortadan kaldırarak söz konusu sorunları minimize etmiştir. Yazarların düşüncesine göre bu haliyle ticari sigortalara göre tercih ve teşvik edilmeye daha uygundur.

Sallemi ve Zouari (2023)' e göre icra kurulu başkanının (CEO) özellikleri, Tekâfül sigortacılığının performans açısından etkinliğinin sağlanmasında hayati bir rol oynamaktadır. Çalışmalarında, CEO özelliklerinin farklı Muamele sözleşmeleri (vekalet ve hibrit) sunan Tekâfül sigortası sağlayıcılarının performansı üzerindeki etkisini incelemeyi amaçlamışlardır. Bu çalışmada PLS-PM yöntemi kullanılmıştır. Özellikle, bu çalışmada 2010-2020 dönemi için Güneydoğu Asya'da (SEA) bulunan ve vekalet sözleşmelerini kullanan 18 Tekâfül sigortası ve Körfez İş birliği Konseyi (GCC) ülkelerinde listelenen hibrit sözleşmeleri kullanan 12 Tekâfül sigortasını içeren bir örneklem kullanılmıştır. CEO'ların mesleki niteliklerinin Güneydoğu Asya ülkelerinde faaliyet gösteren vekalet sözleşmesi kullanan Tekâfül sigortaları için daha yüksek performansa katkıda bulunduğunu, CEO'ların mesleki niteliklerinin ise KİK ülkelerinde faaliyet gösteren hibrit sözleşme kullanan Tekâfül sigortalarının performansı üzerinde olumsuz bir etkiye sahip olduğunu bulmuşlardır. Ayrıca, kadın CEO'lar Güney ve Güneydoğu Asya ülkelerinde faaliyet gösteren vekalet sözleşmelerini kullanan Tekâfül sigortalarının performansı için faydalı olurken, erkek CEO'lar KİK ülkelerinde faaliyet gösteren hibrit sözleşmeleri kullanan Tekâfül sigortalarının performansı için faydalı olmaktadır. CEO'nun kendine aşırı güveni, hem KİK hem de Güneydoğu Asya ülkelerinde Tekâfül performansının iyileştirilmesine katkıda bulunmaktadır. Çalışmada, devam etmekte olan düzenleyici reformlar ışığında Tekâfül 'de CEO'ların atanmasıyla görevlendirilen düzenleyicilere içgörü sağlamaktadır. Bu nedenle, CEO özellikleri ile Tekâfül performansı arasındaki ilişkiyi araştıran ilk çalışmalardan biri olarak kabul edilebilir. Ayrıca bu çalışma, hem vekalet sözleşmesi kullanan Tekâfül sigortalarını hem de hibrit sözleşme kullanan Tekâfül sigortalarını dikkate alarak mevcut çalışmayı genişletmektedir. Sonuçlar daha detaylı açıklanırsa, iki grubun ortalama CEO özelliklerinin önemli ölçüde farklılık gösterdiği sonucuna varılmıştır. Bu da Güneydoğu Asya ülkelerindeki sigorta şirketleriyle ilişkili olanların fırsatçı liderleri izleme ve kontrol etme konusunda Körfez İşbirliği Konseyi ülkelerindeki sigorta operatörlerine kıyasla daha etkili olduklarını göstermektedir. Ek olarak, ampirik sonuçlar bazı değişkenlerin Tekâfülün performansı üzerinde pozitif ve anlamlı etkileri olduğunu ortaya koymuştur. CEOQ, CEOG ve CEOC gibi değişkenlerin Wakalah ve hibrit sözleşmeler kullanan Tekâfül Sigortacılığının performansı üzerindeki etkilerinin önemini vurgulamaktadırlar. Bu nedenle, CEO özelliklerinin Tekâfülün performansında önemli bir rol oynadığı sonucuna varıyoruz. Bu çalışma, süreyi ve örneklem büyüklüğünü daha da genişleterek ve Mudharaba modelini kullanan Tekâfül sigortacılığını kullanarak ileriye dönük yeni bir araştırma hattı açabilir. Bu nedenle, diğer kurumsal yönetim mekanizması değişkenlerinin dahil edilmesi araştırmaya değerdir. Son olarak, bu çalışmanın bulgularının, vekalet ve hibrit sözleşmeler kullanan Tekâfülün performansının iyileştirilmesinde CEO özelliklerinin önemi konusunda politika yapıcılar için önemli olduğunu belirtmek ilginç olduğu ifade edilebilir. Çalışma sonuçları teori ve uygulama açısından için önemli çıkarımlara sahiptir. Teorik çıkarımlarla ilgili olarak, Tekâfül'deki CEO özelliklerini Muamele sözleşmesi formunun bir fonksiyonu olarak dahil ederek yönetim ve performans belirleyicilerinin yeni bir analiz alanını sunmaktadır. Ayrıca, Tekâfül Sigortacılığının uygun yapıları ve entelektüel sermayeyi anlamak ve uygulamak için insan uzmanlığı gerektirdiğini vurgulanır. Çalışmada, literatüre katkı olarak, CEO özelliklerinin rolü ve Muamele sözleşmeleri (vekalet ve hibrit) sağlayan Tekâfül şirketlerinin performansı ile ortaya çıkmaktadır. Pratik çıkarımlarla ilgili olarak, sonuçlar Muamele sözleşmesine (ister Vekalet sözleşmesi ister karma sözleşme olsun) dayalı etkin bir Tekâfül sigortası için uygun olan ve yararlı ayrıcalıklar olarak önerilen CEO özelliklerinin makul bir şekilde anlaşılmasını sağlamaktadır. Bu bağlamda, her bir sözleşmenin farklı koşullar, kurallar, sorumluluklar ve sözleşme taraflarını bağlayan yükümlülükler sergilediğini ve her bir tarafın haklarına saygı gösterirken düzgün bir şekilde yürütülmesini sağlamak için CEO özelliklerini garanti ettiğini görülmüştür. Dolayısıyla, yetkin bir icra kurulu başkanı, çıkar çatışmalarının sınırlandırılması ve hissedarlar ile sigortalıların çıkarlarının korunmasının yanı sıra Tekâfülün hayatta kalması açısından da önemli görülmektedir. Bu prosedür, Tekâfül sigortasının etkin faaliyetlerini denetlemek için uygun ve faydalı araçların formüle edilmesi amacıyla yetkili düzenleyiciler tarafından takdir edilmelidir.

Maduku ve Mbeya (2023)'e göre Tekâfül, finans sektörünün büyümeye aday önemli ve büyük bir segmentidir. Müslüman tüketicilerin satın alma davranışlarını etkileyen faktörleri anlamak, aile Tekâfül pazarı segmentindeki büyümeyi hızlandırmak için çok önemlidir. Bununla birlikte, araştırmalar henüz aile Tekâfül satın alma davranışının itici güçlerini yeterince ele almamıştır. Çalışmalarında, dini yükümlülükleri planlı davranış teorisine entegre ederek, aile Tekâfülü satın alma davranışının altında yatan faktörlere ilişkin bir model önermiş ve test etmiş, ayrıca cinsiyetin ılımlaştırıcı etkisini incelemişlerdir. Bulgular, Müslüman tüketicilerin aile Tekâfülünü satın alma niyetlerinin tutum ve öznel normdan, satın alma davranışının ise niyet ve algılanan davranışsal kontrolden etkilendiğini göstermektedir. Dini yükümlülük tutum, öznel norm ve algılanan davranışsal kontrolü etkilemesine rağmen, aile Tekâfülü satın alma niyeti ve satın alma davranışı üzerindeki etkisi desteklenmemektedir. Bu bulgular kadın ve erkek grupları arasında farklılık göstermekte ve modelde ortaya konan ilişkilerde cinsiyetin bir moderatör ve sınır koşulu olarak merkeziliğini vurgulamaktadır. Bulguların çeşitli teorik ve yönetimsel çıkarımları olduğu vurgulanmıştır.

Hassan vd. (2023)'e göre Sigorta sektöründe fintech hizmetlerinin ortaya çıkışı, sigorta şirketlerinin nasıl çalıştığını, poliçelerin nasıl satıldığını ve müşterilerin sigortacılarıyla nasıl etkileşime girdiğini yeniden şekillendiren dönüştürücü bir güç olmuştur. "Fintech" olarak da bilinen finansal teknoloji gelişmeleri, finansal hizmetlerin sunulma şeklini değiştirmekte ve dünya çapında sigorta sektörü için yeni olanaklar sunmaktadır. Bununla birlikte, Malezya sigorta ve Tekâfül sektöründe çok sayıda müşteri, Fintech hizmetlerini kullanmak yerine sigorta ile ilgili satın alma ve ödemeler için önemli kaynaklar olmaya devam eden acenteler ve brokerler gibi geleneksel kanallara hala bağımlıdır. Sigorta sektörünün başarısı ve büyümesi, süreci verimli ve kârlı hale getirmek için şirketler tarafından sunulan teknolojik hizmetlerin benimsenmesine büyük ölçüde bağlıdır. Yazarlar çalışmalarında, Malezya'daki sigorta ve Tekâfül sektörü müşterilerinin sigortayla ilgili işlem ve faaliyetlerde fintech hizmetlerini kabul etmelerini etkileyen belirleyicileri ampirik olarak tespit etmeyi amaçlamıştır. Araştırma, iki önemli teknoloji benimseme modeli olan Birleşik Teknoloji Kabul ve Kullanım Teorisi 2 ile Delone ve Mclean IS Success'i birleştirmiş ve yeni bir araştırma çerçevesi önermiştir. Araştırma için veriler Google Formlar aracılığıyla sigorta ve Tekâfül sektörü müşterilerinden toplanmıştır. Son olarak 350 yanıt alınmıştır. Verileri incelemek için Smart PLS3.2.9 yazılımı ile kısmi en küçük kareler yapısal eşitlik modellemesi yöntemi kullanılmıştır. Çalışmanın sonucunda, çaba beklentisi, bilgi kalitesi, hizmet kalitesi, sistem kalitesi ve algılanan riskin fintech hizmetlerini davranışsal niyet kullanmaya yönelik davranışsal niyeti etkilediği ortaya çıkmıştır. Buna ek olarak, fintech hizmetlerinin fiili kullanımı davranışsal niyetten etkilenmektedir. Bununla birlikte, performans beklentisi ve sosyal etkinin davranışsal niyet üzerinde herhangi bir etkisi bulunmamıştır. Çalışmanın bulguları, akademisyenler, araştırmacılar ve sigorta şirketleri için fintech hizmetlerinin kabulü için belirleyicileri araştırmak için yararlıdır. Sigorta sektörü, fintech'in büyümesi, değişen müşteri davranışları ve en son teknolojiler tarafından altüst edilmektedir. Fintech teknolojileri, sigorta sektöründe artan finansal katılım, maliyet tasarrufu, gelişmiş risk değerlendirmesi ve verimlilik kazanımları dahil olmak üzere çeşitli avantajlar sağlayabilir. Ancak Malezya'da sigorta ve Tekâfül sektöründe fintech teknolojilerinin uygulanması henüz başlangıç aşamasındadır. Sigorta sektörünün fintech katılımıyla büyümesini teşvik etmek için, müşterilerin fintech hizmetlerini kabul etmesini etkileyen baskın faktörleri anlamak çok önemlidir. Bu çalışma, Malezya sigorta ve Tekâfül sektörü müşterilerinin fintech hizmetlerini kabul etmelerini etkileyen faktörleri belirlemeyi amaçlamaktadır. Çalışma, iki köklü teknoloji benimseme modelini entegre etmiştir: Birleşik Teknoloji Kabul ve Kullanım Teorisi ve Delone ve Mclean IS başarısı. Çalışma, performans beklentisi, çaba beklentisi, sosyal etki, bilgi kalitesi, sistem kalitesi, hizmet kalitesi ve algılanan riskin müşterilerin fintech kabulünü etkileyebilecek göstergeler olduğunu öne sürmüştür. Çalışmayı kolaylaştırmak amacıyla sigorta sektörü müşterilerinden toplanan verileri analiz etmek için yapısal eşitlik modellemesi kullanılmıştır. Çalışmanın sonucu, çaba beklentisi, bilgi kalitesi, sistem kalitesi, hizmet kalitesi ve algılanan riskin fintech hizmetlerini kullanmaya yönelik davranışsal niyeti önemli ölçüde olumlu etkilediğini ve sistem kalitesin en yüksek etkiyi gösterdiğini ortaya koymuştur. Buna ek olarak, davranışsal niyet, fintech hizmetlerinin fiili kullanımı üzerinde önemli bir pozitif etkiye sahiptir. Ancak, performans beklentisi ve sosyal etkinlik herhangi bir etki göstermemiştir. Çalışma sonuçları ve çerçevesi, akademisyenlere ve araştırmacılara fintech'in benimsenmesi konusunda daha fazla çalışma yapmaları için yardımcı olacaktır. Ayrıca, sonuçlar sigorta ve Tekâfül şirketlerinin, fintech firmalarının ve devlet düzenleyici kurumlarının fintech hizmetlerini kullanarak sigorta ve Tekâfül endüstrisinin verimliliğini ve karlılığını artırmak için gerekli adımları atmalarına yardımcı olacaktır.

BenSaid (2023) çalışmasında, Tekâfül sigortasının Şer'i yönetim mekanizmalarını ve bunların finansal performansı üzerindeki etkisini incelemiştir. Şer'i yönetişim mekanizmalarının finansal performans üzerindeki etkisi, Orta Doğu bölgesinde listelenen 11 Tekâfül sigorta örneğinde 2012-2018 yılları arasındaki verileri kullanarak analiz edilmiştir. Çoklu regresyon modelleri kullanılarak Şer'i yönetişim mekanizmalarını ele alan dört hipotez test edilmiştir. Bulgular genel olarak Şeriat yönetiminin Tekâfül sigortacılığının mali performansı üzerinde etkisi olduğunu ortaya koymaktadır. Şer'i Denetleme Kurulunun (SSB) büyüklüğü, üyelerinin itibarı ve nitelikleri, listelenen Tekâfül sigortalarının mali performansının ana belirleyicileridir. Çalışma, bulgunun doğruluğunu etkileyebilecek iki ana sınırlama içermektedir. Birincisi, sonuçlar Orta Doğu bölgesiyle sınırlıdır ve diğer bölgelere genellenemeyebilir. İkincisi, örneklem BAE'nin hakimiyetindedir, yani 11 Tekâfül sigortasından 4'ü. Hem Şer'i yönetişim hem de düzenli yönetişim,

Tekâfül sigortasının mali performansı üzerinde etkiye sahiptir. Ancak Şeriat yönetiminin etkisi daha güçlüdür. Mali performansını iyileştirmek için Tekâfül sigortası SSB'nin boyutunu genişletmeli, saygın akademisyenleri işe almalı ve İslam ekonomisi alanında doktorları istihdam etmelidir. Bu araştırma, İslami bankalara odaklanan diğer çalışmaların çoğundan farklı olarak Tekâfül sigortasını incelemiştir. Yazara göre çalışma örneklem açısından özgündür. Yazar literatürde yapılan diğer çalışmaların ağırlıklı olarak İslami Bankaları incelerken kendi çalışmasını Tekâfül sigortası ile ilgili olduğunu belirtmiştir. Çalışmanın ana sonuçları şöyle ifade edilir. İlk olarak, SSB üyelerinin itibarı Tekâfül sigortasının finansal performansı üzerinde pozitif bir etkiye sahiptir. SSB'nin bu saygın üyelerinin edindikleri bilgi ve deneyimlerin ve İslami sigortacılığın mevcut sorunlarını ve zorluklarını anlama becerilerinin Tekâfül finansal performansının iyileştirilmesine katkıda bulunduğu sonucuna varmıştır. İkinci olarak, Şeriat üyeleri için İslam ekonomisi alanında doktora yapmış olmak (veya İslami finans alanında doktora yapmış olmak) Şeriat kurulunun etkinliğini ve ardından Tekâfül sigortasının finansal performansını iyileştirmektedir. Üçüncü olarak, Tekâfül sigortasının sermaye yoğunluğunun finansal performans (ROE) üzerinde olumlu bir etkisi vardır. Bu sonuç, Tekâfül sigortasında çoğunluk hissedarının varlığının önemini teyit etmektedir. Bu hissedar genellikle bir İslami bankadır. Tekâfül sigortası, finansal performansını iyileştirmek için SSB'nin boyutunu genişletmeli, saygın akademisyenleri işe almalı ve İslam ekonomisi alanında doktoralı personel istihdam etmelidir. Çalışma iki sınırlama içermektedir. Birincisi, sonuçlar Orta Doğu bölgesi ile sınırlıdır ve diğer bölgelere genellenemeyebilir. Gelecekteki çalışmalarda, Tekâfül sigortasının şer'i yönetişim mekanizmalarını ve bunların finansal performans üzerindeki etkilerini yeniden incelemek ve elde edilen sonuçları kontrol etmek için örneklemi MENA bölgesindeki listelenmemiş (elle toplanan) sigortalara genişletilmesi düşünülmektedir. Aynı çalışmayı Tekâfül sigortasının ödeme gücü üzerinde de yürütmeyi de planlamaktadır.

Konak ve Demir (2023)' göre Tekâfül (İslami sigortacılık), geleneksel sigortacı işlemlerinden farklı olarak, riski ortadan kaldırmak, geleceğin belirsizliğine çare bulmak ve hem bireysel hem de ticari faaliyetlerin sekteye uğramasını önlemek amacıyla İslam hukuku sınırları içerisinde geliştirilmiştir. Geleneksel sigortacılığın aksine, Tekâfül (İslami sigorta) kendi ilke ve normları çerçevesinde şekillenip faaliyet gösterir ve İslam hukukuna aykırı olan faiz, risk ve kumar gibi unsurlardan ayrılmıştır. İslami sigortacılık, paydaşlardan ve poliçe sahiplerinden elde edilen primlerin değerlendirilmesinde faizsiz piyasa mekanizmalarının kullanılması, tarafların birbirlerine yardım etmesi ve sigorta teminatı sağlanan durumlarda ahlaka aykırı veya uygunsuz sayılmayan ekonomik varlıkların seçilmesi ilkeleri üzerine kurulmuştur. İslami sigortacılık çeşitli modellerde karşımıza çıkmaktadır. Bu modellerin hepsi şeriata uygun sözleşme formlarına bağlı olup, vekalet, mudaraba ve karma modeller en sık kullanılır. Çalışmanın amacı, WOS veri tabanındaki İslami sigortacılıkla ilgili akademik literatürünün bibliyometrik analizini yapmaktır. Analizleri görsel olarak sunmak için VOSViewer aracı kullanılmıştır. Çalışmadan elde edilen bulgulara göre, en az çalışmanın 2010 yılında yapıldığını, en çok çalışmanın ise 2019 yılında yapıldığı görülmektedir. En fazla makale Tekâfül alanında yayımlanmıştır. Ayrıca, Malezya bu alanda dünya çapında en çok makale yayınlanan ülke olduğu tespit edilmiştir. Çalışma bir bütün olarak incelendiğinde, piyasa katılımcılarının genişleyen Tekâfül endüstrisine olan ilgisinin ve akademik çalışmalarında bu yönde büyüdüğü ifade edilir.

SONUÇ

Tekâfül (Katılım) sigortacılığı genellikle Müslüman ülkelerde ve Müslüman yoğunluğu olan ülkelerde uygulanan sigorta sistemidir. Müslüman olmayan ülkelerde aracı kurumlar veya bazı bankalar tarafından Tekâfül hizmeti verilmektedir. Tekâfül sistemi şeriata dayalı kurallara göre oluşturulan ve hizmet veren bir sistemdir. Geleneksel sigorta sisteminde İslam hukukunca yasak olan bazı uygulamalardan dolayı Tekâfül geleneksel sigorta sisteminden farklıdır. Tekâfül sigorta sistemi dayanışmaya göre işleyen bir sistemdir.

Bu çalışmada Tekâfül sigortacılığı alanında son yıllarda yapılan bazı çalışmalar incelenmiş hangi konulara değinildiği ve ulaşılan sonuçların neler olduğu araştırılmıştır.

Tekâfül sigortacılığı alanında yapılan çalışmalar son yıllarda artış gösterse de yine de bu alanda yeterli seviyeye ulaşmış değildir. Tekâfül sigortacılığı geleneksel sigortacılık gibi birçok piyasada faaliyet gösteren bir sistem olmadığından dolayı bu alanda akademik çalışmalar ve uygulamalar ilerleyememiş ve zayıf kalmıştır. Tekâfül alanında yapılan çalışmalar konu olarak, Tekâfül şirketlerinin yönetim şekli, yönetim kurulu ve bunların mali performans üzerindeki etkisi hakkında yapılmıştır.

Tekâfül şirketlerinin performansını etkileyen faktörlerden yönetim şekli, yönetim kurulunun büyüklüğü ve yönetim kurulu üyelerinin niteliği önemli etkenlerin başındadır. İyi oluşturulmayan kurul ve liyakatsiz kurul üyeleri Tekâfül şirketlerinin mali performansını olumsuz etkileyen unsurlardan başında gelmektedir. Buna ilave olarak şirket sahipliğinin tek bir kişi veya ailede yoğunlaşması da performansı olumsuz etkileyebilmektedir. Yönetici olmayan kurul dışı veya icracı olmayan üyelerin atanması da performansı olumsuz etkileyebilmektedir. Performansın artırabilmesi için dışardan bu konuda uzman akademisyenler işe alınabileceği ifade edilmiştir. Şirketleri yöneten CEO'nun özelliklerinin de şirketin performansında etkiye sahip olduğu ifade edilmiştir. Ayrıca CEO'nun cinsiyeti de şirket performansında önemli bir unsurdur.

Şeriat kuralları dairesinde şekillendiği için Tekâfül şirketlerinin piyasaya yeni ürün çıkarmasında ve yeni müşteri kitlesine ulaşmasında zorluk yaşanmaktadır. Bunun yanında Tekâfül şirketinin faaliyette bulunduğu yerel coğrafyada yeni ürün ortaya çıkarmada etkin özelliğe sahiptir. Yani şeriat kuralların yanında yerel halkın kültürel özellikleri de yeni Tekâfül ürünlerini ve uygulamalarını da etkiler. Kısacası demografik yapı da Tekâfül şirketlerinin faaliyetlerini ürün yapısını etkilemektedir.

Tekafül şirketlerinin büyüklüğü de firma performansı ve piyasa riski açısından önemlidir. Orta ölçekli firmaların piyasa açısından iflas riskinin düşük olduğu ifade edilmiştir. Diğer yandan küçük ölçekli Tekâfül sigorta şirketlerinin birbirleri arasında konsolide olarak performanslarının artabileceği ifade edilmiştir. Ayrıca ülke düzeyine göre de risk düzeyinin değiştiği söylenebilir.

Bu kitap literatürde yapılan çalışmaların ağırlıklı hangi konu başlıkları altında olduğunu araştırmıştır. Tekâfül konusuna literatürün sınırlı olması bu kitabın hazırlanmasında bazı kısıtlara neden olmuştur. Bu araştırma kitabının ileride Tekâfül konusunda çalışma yapmak isteyen araştırmacılara yardımcı olacağı düşünülmüştür.

KAYNAKÇA

AAOIFI (2012), Faizsiz Bankacılık Standartları, (Çev: M. Odabaşı & İ.E. Aktepe), TKBB Yayınları, 26, Standart, İstanbul.

Abdul Razak, S. H., Shawtari, F. A., & Elsalem, B. A. (2021). Ownership type, business model, market structure, and the performance of Takaful and conventional insurance companies in Malaysia. Cogent Economics & Finance, 9(1), 1888436.

Almulhim, T. (2019). Analysis of Takaful vs. Conventional insurance firms' efficiency: Two-stage DEA of Saudi Arabia's insurance market. Cogent Business & Management, 6(1), 1633807.

Alokla, J., Daynes, A., Pagas, P., & Tzouvanas, P. (2022). Solvency determinants: Evidence from the Takaful insurance industry. The Geneva Papers on Risk and Insurance-Issues and Practice, 1-25.

Alshammari, A. A., Alhabshi, S. M., & Saiti, B. (2019). The impact of oil prices and the financial market on cost efficiency in the insurance and Takaful sectors: Evidence from a stochastic frontier analysis. Economic Systems, 43(3-4), 100716.

Alshammari, A. A., Alhabshi, S. M. B. S. J., & Saiti, B. (2019). The impact of competition on cost efficiency of insurance and takaful sectors: Evidence from GCC markets based on the Stochastic Frontier Analysis. Research in International Business and Finance, 47, 410-427.

Akhter, W., & Khan, S. U. (2017). Determinants of Takāful and conventional insurance demand: A regional analysis. Cogent Economics & Finance, 5(1), 1291150.

Altıntaş, K. M. (2016). Katilim Bankaciliği Çerçevesinde Alternatif Bir Sigorta Sistemi: Tekâfül Sigorta Sisteminin Türkiye'de Uygulanabilirliği. Bolu Abant İzzet Baysal Üniversitesi Sosyal Bilimler Enstitüsü Dergisi, 16(2), 115-142.

Aslan, H. (2015). Türkiye'de Tekâfül (Islami sigorta) uygulamaları: problemler ve çözüm önerileri. Uluslararası İslam Ekonomisi ve Finansı Araştırmaları Dergisi, 1(1), 93-117.

BenSaid, Y. R. (2023). Shariah governance and takaful financial performance: the case of listed takaful insurances. Journal of Islamic Accounting and Business Research.

Benyoussef, S., & Hemrit, W. (2019). Measuring the relative efficiency of insurance companies in Saudi Arabia: The case study of Takaful vs cooperative industries. Cogent Economics & Finance, 7(1), 1590818.

Canbaz Karacif, F. E. (2018). Yatırımcı Zararlarının Tazmininde Tekâfül (Katılım Sigortacılığı) Modeli. SPK Hukuk İşleri Dairesi Yeterlilik Etüdü.

Çalık, A. (2014). Katılım bankalarında sigorta uygulamaları ve Tekâfül sigorta sistemi. Finans Politik ve Ekonomik Yorumlar Dergisi, 51(587), 95-106.

Dilek, İ. (2019). Türkiye'de tekafül (katılım sigortacılığı) ve uygulanabilirliği üzerine bir değerlendirme. Bankacılık ve Sigortacılık Araştırmaları Dergisi, (13), 44-57.

Hassan, M. S., Islam, M. A., bin Yusof, M. F., & Nasir, H. (2023). Users' fintech services acceptance: A cross-sectional study on Malaysian Insurance & takaful industry. Heliyon.

Hassan, H. A. (2020). Takaful models: origin, progression and future. Journal of Islamic Marketing, 11(6), 1801-1819.

Jamil, H., & Akhter, W. (2016). Investigating the impact of Shari'ah perception on customer switching intentions: A study of Takāful and conventional insurance. Cogent Business & Management, 3(1), 1261525.

Kader, H. A., Adams, M., & Hardwick, P. (2010). The cost efficiency of takaful insurance companies. The Geneva Papers on Risk and Insurance-Issues and Practice, 35, 161-181.

Kader, H. A., Adams, M., Hardwick, P., & Kwon, W. J. (2014). Cost efficiency and board composition under different takaful insurance business models. International Review of Financial Analysis, 32, 60-70.

Karbhari, Y., Muye, I., Hassan, A. F. S., & Elnahass, M. (2018). Governance mechanisms and efficiency: Evidence from an alternative insurance (Takaful) market. Journal of International Financial Markets, Institutions and Money, 56, 71-92.

Khan, H. (2015). Optimal incentives for takaful (Islamic insurance) operators. Journal of Economic Behavior & Organization, 109, 135-144.

Khan, A., Hassan, M. K., Paltrinieri, A., Dreassi, A., & Bahoo, S. (2020). A bibliometric review of takaful literature. International Review of Economics & Finance, 69, 389-405.

Khan, I., Rahman, N. N. B. A., Yusoff, M. Y. Z. B. M., & Nor, M. R. B. M. (2016). History, problems, and prospects of Islamic insurance (Takaful) in Bangladesh. SpringerPlus, 5(1), 1-7.

Kısacık, H. (2021). Katılım sigorta (Tekâfül) ve muhasebe süreci. Hitit İlahiyat Dergisi, 20(3), 265-288.

Konak, F., & Demir, Y. (2023). İslami Sigortacılık (Tekâfül) Üzerine Bibliyometrik Bir Analiz. Hitit İlahiyat Dergisi, 22(1), 11-46.

Laçinbala, Y., & Ünsal, H. (2019). Katılım sigortacılığında (Tekâfülde) pencere sisteminin değerlendirilmesi. Sosyoekonomi, 27(42), 181-202.

Lim, Q. M., Lee, H. S., & Har, W. M. (2021). Efficiency, productivity and competitiveness of the Malaysian insurance sector: an analysis of risk-based capital regulation. The Geneva Papers on Risk and Insurance-Issues and Practice, 46, 146-172.

Maduku, D. K., & Mbeya, S. (2023). Understanding family takaful purchase behaviour: the roles of religious obligation and gender. Journal of Financial Services Marketing, 1-19.

Maysami, R. C., & Williams, J. J. (2006). Evidence on the relationship between Takaful insurance and fundamental perception of Islamic principles. Applied Financial Economics Letters, 2(4), 229-232.

Md Husin, M., & Haron, R. (2020). Takāful demand: a review of selected literature. ISRA International Journal of Islamic Finance, 12(3), 443-455.

Nugraheni, P., & Muhammad, R. (2020). Innovation in the takaful industry: a strategy to expand the takaful market in Indonesia. Journal of Islamic Marketing, 11(6), 1313-1326.

Özçelik, M. (2022). Katılım Sigorta (Tekâfül) Şirketleri Tarafından Tekâfül İşlemlerinin Muhasebeleştirilmesi. Tarsus Üniversitesi İktisadi ve İdari Bilimler Fakültesi Dergisi, 3(2), 190-200.

Rubio-Misas, M. (2020). Ownership structure and financial stability: Evidence from Takaful and conventional insurance firms. Pacific-Basin Finance Journal, 62, 101355.

Sallemi, N., & Zouari, G. (2023). The effect of CEO characteristics on Takaful performance. International Journal of Disclosure and Governance, 20(1), 70-82.

Samar, M. (2021). Türkiye'de Katılım Sigortacılığı (Tekâfül) Literatürü. İlahiyat Akademi, (13), 97-122.

Şimşek, M., & Pekkırbızlı, H. K. (2022). Islamic Insurance and Takaful Insurance Models. BALAGH-Journal of Islamic and Humanities Studies, 2(1), 2-16.

https://www.bankasurans.com.tr/tr-TR/makaleler/katilim-tekful-sigortaciligi-ve-ulkemizdeki-uygulamalari: Erişim tarihi: 04/12/2023.

https://www.vakifkatilim.com.tr/tr/kendim-icin/sigorta-ve-emeklilik/sigorta/tekaful-katilim-sigortaciligi. Erişim tarihi 03/12/2023.

https://www.vakifkatilim.com.tr/tr/kendim-icin/sigorta-ve-emeklilik/sigorta/tekaful-katilim-sigortaciligi.Erişim tarihi: 04/12/2023.

https://ilke.org.tr/turkiyede-katilim-sigortaciligi:Erişim tarihi:04/12/2024.